大教育书系

陶西平论教育

陶西平 著

长江出版传媒

长江文艺出版社

图书在版编目（ＣＩＰ）数据

　陶西平论教育 / 陶西平著.-- 武汉 ：长江文艺出
版社， 2021.6
　（大教育书系）
　ISBN 978-7-5702-1044-2

　Ⅰ.①陶… Ⅱ.①陶… Ⅲ.①教育－随笔－中国－文
集 Ⅳ.①G52-53

　中国版本图书馆 CIP 数据核字(2019)第 092525 号

陶西平论教育
TAO XIPING LUN JIAOYU

责任编辑：秦文苑　　　　　　　　　责任校对：毛　娟
封面设计：白砚川　　　　　　　　　责任印制：邱　莉　　王光兴

出版：长江出版传媒｜长江文艺出版社
地址：武汉市雄楚大街 268 号　　　　邮编：430070
发行：长江文艺出版社
http://www.cjlap.com
印刷：武汉科源印刷设计有限公司

开本：720 毫米×970 毫米　　　1/16　印张：16.625　　插页：1 页
版次：2021 年 6 月第 1 版　　　　2021 年 6 月第 1 次印刷
字数：237 千字

定价：39.80 元

用大众立场看大家作品

——"大教育书系"序言

教育是世界上最特别最奇妙最千变万化的事情。

世界上任何变化，政治的、经济的、社会的、科技的……桩桩件件，都会发生蝴蝶效应，都会对教育产生这样那样的影响。所以，教育总在变化着。比如，计算机的出现，网络教学的流行，未来的课堂教学模式将发生根本的变革。当粉笔距离我们的讲台渐行渐远，未来的纸质书籍的阅读是否也会逐步让位于电子书籍？甚至，翻译机器可以完成基本的交流沟通时，语言教学是否也可能变得不再重要？这些已经发生的、即将发生的、可能发生的改变，让我们的明天变得不可预知。

同时，教育也是最坚韧最牢固最不会变化的事情。

万物改变迅捷，人性进化缓慢，教育因此万变不离其宗。所以，古今中外，人同此心，心同此理，人的身心发展的特点，人的学习与成长的过程，有着普遍规律可循。所以，无论我们读两千多年前的《论语》《学记》，还是读近百年来的杜威、苏霍姆林斯基，总觉得是那么亲切，离我们今天的教育是那么近。所以，我们只需稍稍去芜取精，就能将其中的绝大部分原理再度运用于教育教学实践，就会发现这些原理依然生命常青。也正是这个原因，百年来中外教育家的杰出著作，仍然活在当下，仍然对我们的教育具有重要的作用。

　　长江文艺出版社的这套"大教育书系"，正是围绕后者而努力。

　　最初看到"大教育书系"的选题策划，是在年初的湖北长江出版集团的选题论证会上。坦率地说，当时的感觉不是很好。认为主题不够突出，选择人物看不出逻辑，选择标准不够清晰，而且大部分书是重新出版。

　　后来长江文艺出版社总编尹志勇来信告诉我，其实，"大教育书系"有自己的主题和逻辑。之所以命名为"大教育"，首先是选择教育家的范围之大。书系将遴选从近代到当代的中外教育名家的代表性著作或新作，梳理中外现代教育的发展轨迹，并展示近一个世纪以来的教育所取得的成果。其次是读者群体之大。书系针对不同的读者群，主要有三个方向：一是针对中小学老师的教师培训，阐述现代教育理念，解决教育实践中面临的具体问题，培养优秀教师。二是针对父母的家庭教育，用现代的教育观念和手段影响父母，使父母成为教育体系中的重要且有效的环节，最终培育青少年健康成长与全面发展。三是针对中小学生以及学前儿童的学生教育，帮助学生提高学习效率，学会交往合作，学做现代公民。一句话，是用大众立场看大家作品。

　　至于选择的标准，他们提出了三条原则：一是作者具有足够影响力。所选作者应该是国内外被公认的教育名家，产生过广泛而深远的影响。比如陶行知、陈鹤琴、蒙台梭利等。二是突出实践性。所选作品能够深入浅出，具有可操作性，在作品风格方面，力求通俗化、大众化，做到理论与实践的有机统一。三是强调创新性。在遴选经典的同时，也推出当代在教育理论或实践方面有一定建树、观点新锐、富有探索精神且得到公众认可的作品。

　　所以，虽然我在作这序之时，尚无法看到书系的全貌，也无法估计书系的最终体量，但是能够感觉到出版方用心良苦，感觉到他们的宏大愿景。大浪淘沙，那些真正能够不断被人们捧起的书籍，总是有其强大的生命力的，总能冲破时间与空间的束缚到达我们的手中，抵达我们的心中。倘若教师、父母、孩子三方真正缔结为教育的同盟军，那时教育势必突破困局，得以成长壮大，成为现实生活中的真正大教育了。祝贺大教育书系诞生，更期盼现实大教育的来临。

是为序。

朱永新

目　录 | CONTENTS

课堂·赋予生命的价值 / 153

理念·创造幸福的学校

让失败率为零

(一)

"紫禁杯"优秀班主任奖已经设立十多年了，先后有四千多位教师获得了这一荣誉称号。他们已经成为北京市班主任队伍的骨干力量。我想"紫禁杯"奖不仅应当成为班主任的一种殊荣，而且应当成为获奖者的一种共同的信念，共同的追求。

"紫禁杯"优秀班主任获奖者的共同信念、共同追求是什么呢？我建议：把"让失败率为零"作为"紫禁杯"优秀班主任的共同口号。

"让失败率为零"曾经是法国教育思考委员会在 1996 年向政府建议的教育改革内容之一。我认为，我们应当把它借用过来，赋予新意。这必将有助于推动全面素质教育的实施，提高班主任工作水平，并且形成"紫禁杯"优秀班主任的共性特征。

"让失败率为零"，就是"让所有学生都在原有的基础上得到发展"。我们现在在总结教育成绩时，有两个重要指标大家很关注：一是优秀率，二是及格率，这是有必要的。但是我们"紫禁杯"优秀班主任更为关注的应该是失败率。什么是失败率？陶行知先生曾经说过："教育是什么？教人变！教人变好是好教育，教人变坏是坏教育。活教育教人变活，死教育教人变死。不教人变，教人不变不是教育。"所以，使所有的学生在原有的基础上都变得更好，这就是教育的成功。学生在原有的基础上没有变，或者变坏了，就是教育的失败。"紫禁杯"优秀班主任应当树立使所有学生在原有基础上都变得更好，而不是使一个学生没变或者变坏的信念与目标，也就是"让失败率为零"。这就是我们要提倡的信念，也就是我们要树立的目标，这就是我们的口号！

我希望同志们，虽然带领的是一个班，但是眼中有的，是班里的每一个学生；虽然想的是班集体的整体面貌，但着力点要放在为每一个学生在德、智、体等方面都得到发展创造条件。要把因材施教作为达到"让失败率为零"的基本途径。

我衷心地希望，"让失败率为零"的口号在"紫禁杯"的指引下，越来越响亮，并成为今后评选优秀班主任的基本条件。

（二）

又是一个收获的季节，又一批优秀的班主任受到表彰，又一次令我们这些老教育工作者心潮澎湃。这种场景、这种心情，已经有过 14 次了。在"参加第十五届紫禁杯优秀班主任"颁奖大会的时候，这种感受就更为强烈。

前几天，我参加了过去教过的学生的一次聚会。30 多年以前，我曾当过他们的初中班主任，现在，他们都已是将近 50 岁的人了，各人有各人的事业，各人有各人的经历。其中，有一位已经担任几家公司的董事长，而且业绩很不错的学生，笑着问我还记不记得他。我从他的脸上仿佛还能依稀看出当年他那稚气而又调皮的目光。

令我惊讶的是尽管事隔多年，他却对学生时代的事记得清清楚楚。他说，当时老师们认为他调皮捣蛋，分班时都不愿意要他，最后，还是我"收留"了他。由于他经常给我惹事，所以，也常有老师在我面前告他的状。但我一直对他很好。

他说，当时，市场上糖果很难买到，而且价钱很贵，平时很难吃上糖果。有一次，我在楼道里把他叫住，对他说朋友送了我一点糖果，随后给了他两块。他问我还记不记得这件事。我哪里还会记得那两块糖，可是，他说，几十年来，他一直记在心里。他还说，他常想，如果老师现在想吃糖，他要买一车皮的糖果送给老师。

他又向我问起另一位老师的近况，他说，他想去看望这位老师。当年，有一天，教室的黑板上有人直书了这位老师的名字，在当时，这是大不敬的事。由于他平时调皮，所以，这位老师认定是他写的，无论他怎样解释，老师都不相信，最后，还是让他写了检查。几十年过去了，他还是想去告诉那位老师，黑板上的字，确实不是他写的。

听着这位年近半百的人，一件一件诉说着初中时代的往事，我的心受到强烈的震撼，更开始了一连串的思考。

我想，做一个班主任必须意识到，你所面对的学生当然是有差别的，但他们之间的差别，并不在于谁优谁劣，而在于各有特点。每个孩子都有着在某一方面成材的优势，每个孩子都存在着在未来有出色表现的可能。我们的责任是为每一位孩子的发展树立信心，为每一位孩子的成长奠定基础，而不应当也不可能为每位孩子是否能够成材做出定论。因此，一个好的班主任应当把期待的目光投向每一个孩子，应当把成材的希望寄托在每一个孩子身上。

做一个班主任必须意识到，你的工作影响的不只是学生的一时，更有可能是学生的一生。我们现在评价一位班主任只能根据他的工作的现实状况，这无疑是正确的。但是，作为一个班主任常常不会想到，真正对我们工作的评价，是在未来，甚至是在几十年以后学生回首往事的时候。你的勤奋。你的关爱，你的信任，你的鼓励，学生都会用心中的天平来公正地衡量。

做一个班主任还必须意识到，你的一言一行，都有可能深深地铭刻在学生心中。可以给学生带来永留心中的温馨，也可以给学生带来深藏心底的伤痕。有些班主任同志误认为树立自身的无上权威是做好工作的前提，从而不惜伤害学生的身心，以求得学生的盲从。也有些班主任同志放任自己浮躁的心态，粗暴的举止，却把这一切用"为了学生好"的动机来掩盖。我想，班主任应当比任何人都更重视教育的过程，某些不良的教育后果正是蕴涵在教育过程的细节失误之中。

今天，同志们在教育的改革与创新方面做出了突出的贡献，得到了应得的荣誉，大家应当感到骄傲。我相信，在几十年以后，当你们的学生步入社会取得成功的时候，他们也一定会以有过你们这样的班主任而感到自豪。到那时，他们说出的一段一段关于你的生动的故事，将是对你更为崇高的奖赏！

再谈优质教育

（一）

当代优质学校、优质校长、优质教师的标准是什么？

一个优秀的学生可能在高二时转进一所学校，这个学生毕业后当然就成为这所学校的荣誉，但这个学生在这所学校里可能没有发生多大的变化，他本来就很优秀，他在别的学校也会很优秀。有的学校往往把某个院士曾是该校毕业的学生作为荣耀，但仔细去了解，这个院士也许就在这所学校学习过几个月。因此，要从学校的转化功能和发展功能来看优质学校和名校。我认为，能够使教师和学生都得到良好发展的学校，就是优质的学校；能够使教师和学生得到良好发展的校长，就是优质的校长；能够在自身发展的过程中使学生得到更好的发展的教师，就是优质的教师。我们现在讲人的发展应该是所有教师和学生的发展，我们应该看到教师的发展是学生发展的前提条件。关键在于要从发展的过程看优质学校，这个观点也许不能作为家长选择优质学校的标准，却是我们评价学校的一个重要标准。

地域不同、环境不同，对优质标准的理解和认识也会不同。有的想成为国家级优质学校，有的想成为省级优质学校或地县级优质学校，甚至乡镇级优质学校。优质的概念是相对的，中国规定的优质学校的标准也不可能是世界优质学校的标准。我认为，现在教育理想主义太泛滥了，动不动就是"全国一流，世界知名"，越是这样，社会对教育越不满意。教育的目标应该是要分层次的，不可能定一个太高的达不到的理想化的标准。标准太高了，努力了多年都达不到，各界就会对教育失去信心。要从动态的发展的角度看优质教育，优质是相对的，不是绝对的。

（二）

国家、社会、社区和家长应当为发展优质教育提供什么样的基本条件和营造一个什么样的氛围呢？

学校办学的基本条件包括：办学目标，办学思想，办学力量，办学的物质条件和社会环境。应该确定一个合理的目标，配备合适的力量，创造必需的条件，改善应有的环境和鼓励社会适度的参与。研究优质教育应当注重切合实际，要务实，不能离开中国的国情去空谈什么优质教育。要不然政府和社会对学校造成很大压力，而学校根本做不到。因此，不能在解决一个大家关注的问题的同时不顾及其他方面的问题。教育是一个系统工程，要整体优化。现在有几个概念：优质教育、优质资源、优质学校、优质校长和优质教师。总之，提出这些概念无可非议，关键是要提高质量，不要把优质教育神化和虚化。优质教育的立足点是要扎扎实实地全面地提高整体发展水平。发展优质教育要求真务实。

（三）

我们应当如何保护、利用和拓展优质教育资源，以满足基础教育均衡发展，满足社会对优质教育资源日益增长的强烈需求呢？

优质教育的形成是个动态的过程，是历史积淀与现实努力相结合的过程，是物质条件的改善与教师水平的提高相结合的过程，是学校管理水平与学校文化建设相结合的过程，是实际水平与品牌效应相结合的过程。

优质教育一旦形成就应该具有以下特点：

一是具有稳定性。质量、信誉相对稳定，不会因学校的一时一事的变化而影响它的信誉。二是具有凝聚力。教师与学生都会为进行这种教育感到自豪。三是具有吸引力。对社会、家长和学生都有吸引力。四是具有推动力。学校内部和社会各界对它的期望促使它不断地向前发展。

优质教育资源的形成总是与一定的条件、一定的规模相结合的。优质学校的师资水平和办学条件应该与它的规模相适应。因此，优质教育资源规模的扩大应该与改善它的条件相结合，抛开条件的改善去追求扩大优质资源规模是自欺欺人的。一杯茶既要增量又要保持原有香味，有两个条件，一是适度加水，一是加适量的茶叶。如果我们只加水不加茶叶，就是把浓茶变成了白开水，大家都不可能享受这杯浓茶，只能都喝白开水了，因而优质总是与一定的规模相适应的。我们要拓展优质教育资源就要把它的条件改善好，这样才有利于优质教育的均衡发展。但如果把握不好这个度，实质上就会使我们的优质学校降低水平，而不可能达到使更多的人享受优质教育的目的。

不拘一格育人才

——现代化进程中中学校长的使命

时任总书记胡锦涛在中国共产党第十七次全国代表大会上的报告中指出，要"优先发展教育，建设人力资源强国"。当前，我国建设人力资源强国的目标，就是要形成完善的人力资源结构，其中包括数以亿计的高素质劳动者，数以千万计的专门人才和一大批拔尖创新人才。这一目标既体现了我国现阶段对人力资源的数量需求、类别需求，也体现了质量需求。人才的单一模式和低水平无法适应国家和社会发展的需要，即使像"嫦娥一号"发射这样前沿的科技成果，也需要学术人才、工程专家和高水平技能型人才的合作才能完成。

建设人力资源强国的目标赋予教育、特别是基础教育重要的责任，要求基础教育不断提高现代化水平。当前提高基础教育现代化水平面临三个重要转变，即由重点发展为主向均衡发展转变，由规模发展为主向规模与内涵协调发展转变，由规范发展为主向规范与特色协调发展转变。实现这三个转变向当代校长提出了三项重要的使命。第一，切实推进教育公平，以实现由重点发展为主向均衡发展转变。第二，着力提高教育质量，以实现由规模发展为主向规模与内涵协调发展转变。第三，要形成学校办学特色，以实现由规范发展为主向规范与特色协调发展转变。

切实推进教育公平

时任总书记胡锦涛在 2007 年 8 月 31 日全国优秀教师代表座谈会上的讲话中指出：要把促进教育公平作为国家的基本教育政策。教育公平应当包括三个层面，即教育机会的公平、教育过程的公平和教育结果的公平。

教育机会的公平就是使所有的公民都有平等的受教育的机会，也就是我们一贯倡导的"有教无类"。不分性别、民族、种族，也不分家庭财产状况，所有的学生都能有相同的接受教育的机会。基础教育的均衡发展实际上是向公民提供公平就学机会的重要途径，这也是社会公平的基础。

基础教育的均衡发展主要是指政府实现公共服务均等化，通过再分配，公平、合理地配置公共教育资源。可以说，实现均衡发展是政府的责任。从 2006 年国家第一次发表的关于我国教育均衡发展状况的国家教育督导公报中我们可以看出，教育均衡发展水平取决于政府对公共教育资源包括硬资源和软资源再分配的状况。

我国基础教育一度在政策引导下重点发展了一批优质教育资源，这具有当时历史背景下的必要性与合理性。在已经形成非均衡发展的情况下，当前，应当合理调整教育支出结构，重点向农村地区、薄弱学校和困难群体倾斜。也就是说，均衡发展，是在政府增加教育投入、实现政策倾斜的基础上实现的。教育均衡发展的过程不是优质教育资源平庸化的过程，而是薄弱教育资源优质化的过程。当前，我国教育均衡发展的实质是不断拓展优质教育资源，使更多的学生接受保证质量的教育。因此，政府在推动教育均衡发展过程中，应当综合考虑公共教育经费投入的充足性、公平性与效益性。

教育过程的公平，是使具有不同潜能的学生都能接受适合于自身发展的教育，也就是我们一贯倡导的"因材施教"。

联合国教科文组织将召开有关全纳教育（Inclusive Education）的会议。

全纳教育最初是针对有身体或智力缺陷的学生进行的特殊教育，目的是把他们纳入到教育的视野中来，使他们有接受平等教育的机会。现在，全纳教育的外延已经拓展到应当为所有学生提供适合于他们的教育。这是现代化教育理念的重要标志之一。

因此，实现保证质量的教育公平已经有了两层含义：一层含义是公共财政提供的教育资源的公平配置——使所有学生接受同样的教育；另一层含义则是进行差异化、个性化教学——使不同学生接受适合于他们的不同的教育。所以，简单地倡导无差别教育并不是真正的教育公平。基础教育不是选拔适合教育的学生，而是创造适合不同学生的教育，全面发展也不是所有人的德、智、体、美等基础素质的平均发展，而是基础素质与个性特长的全面发展。

所以，我们的教育要了解学生发展的规律以把握共性，同时要研究所面对学生的个性，教育是面向具体学生的活动。我们常说，教有法，无定法，就是教育有规律可循，但是要区别不同学生的不同情况来确定教育的具体方法。适合学生发展的教育，就是最好的教育。

好的教育是在了解学生、研究学生的基础上进行的教育。而了解学生、研究学生恰恰是现在我们教育现实中的薄弱环节。我们现在非常关注教师的专业发展，但绝不能将教师为学生发展服务的目标倒置。目前推动教师专业发展的实践中出现了一种倾向，不是教师的专业发展为学生的发展服务，而是把学生作为教师成名的道具。很多教学研究，包括说课、赛课等，都非常重视教材研究和教法研究，但一个重要的前提——对学生的研究却很少，对该年龄段学生的认知规律研究很少，对具体学生的情况研究得就更少。虽然在很多地区，学校的班额都比较大，教师还无法做到面对每个个体的学生，但是起码不能"一刀切"，应当加强对不同类型学生群体的研究，从而创造真正适合于不同学生的教育过程。

教育结果的公平，是指使所有学生的潜能都能得到最大限度的开发，也就是我们一贯倡导的"人尽其才"。

教育结果的公平不是使所有的学生最后都归于同样的发展类型、达到同样的发展水平，而是使每个学生都能达到他们应该达到的水平，具有他们应该具有的才能。

因此，要重视不同学生智能结构类型的差别，通过创造适合不同类型学生的教育，使不同类型学生的潜能都得到充分开发。在这个过程中我们特别应该关注的是：帮助学习潜力大的学生开发潜能，帮助学习困难的提高水平，帮助学生发展兴趣、爱好和优势潜能。

20世纪末，法国教育思考委员会向法国政府建议的教育改革目标是"让失败率为零"，我非常赞同这种提法。这里所指的"失败"是学生不能在自身原有的基础上得到发展。而使每个学生都比原来变得更好应该是教育追求的目标。

根据有关专家提供的资料，美国教育测验服务中心在2005年有一个调查报告，题为《是否走向真实的生活世界——美国人看美国高中教育改革》，它指出美国高中教育的不足主要表现在三个方面：一是在为今后大学的学习、生活做好成功的准备方面，有51%的被调查者认为不足；二是在为即将进入劳动力市场提供必要的技能培训方面，有63%的人认为不足；三是在使高中的学习和生活经历与学生下一步的生活相一致方面，有62%的人认为不足。这个调查报告的结论之一是，公众认为：应在尊重每个学生的需要、兴趣与能力的基础上追求教育质量。这个观点应该得到我们的关注。

英国特色学校促进会提出："好的教育能教人变好，好的教学能够改变人的生活。教育好一个孩子，你就给了他一个机会。教育不好，他可能一生中都得不到一个机会。"新加坡教育部长在最近发表的《让每一个孩子都成功》的报告中提出："学校领导和教师应当期待学生某项潜能得到培养，同时想尽办法让能力不同的儿童都取得进步。"这些都有助于引起我们对教育结果公平的关注。

所以，我们所推进的教育公平，应该是"有教无类"的机会公平、"因材施教"的过程公平和"人尽其才"的结果公平的统一。我们要通过创造适合每个学生的教育，实现真正的教育公平。

着力提高教育质量

胡锦涛同志在 2007 年 8 月 31 日全国优秀教师代表座谈会上专门指出要"着力提高教育质量"。"着力"二字体现了对提高教育质量的高度关注。

根据 2003 年国际学生学业评价项目的测试，美国 15 岁学生的数学素养与解决问题的能力在 29 个发达国家中排名第 24 位。2006 年 4 月 18 日，美国总统布什签署总统行政命令：成立国家数学委员会，研究如何最有效地利用科学研究的成果改进数学的教与学，并向总统和教育部长提出政策建议。美国政府把提高美国学生的数学成绩作为国策，成立国家数学委员会，旨在帮助美国各州、地方、自治区与部落政府为儿童与青少年提供高质量的数学教育，从而保持美国的竞争力，提升国力与创新能力，促进经济发展。2004 年召开的联合国第 47 届教育大会通过了《关于提高所有青年教育质量优先行动事项的建议》，2005 年世界全民教育监测报告的主题是"必须提高教育质量"。可以看出，现阶段，提高教育质量已经成为全球教育的共同话题。教育公平的实质是实现保证质量的教育公平。

中国的教育事业经历了令世人瞩目的快速发展期。2006 年，中国教育规模的基本状况是：高等教育在校生约 2 500 万人，普通高中在校生约 2 515 万人，中等职业教育在校生约 1 764 万人，初中在校生约 5 958 万人，小学在校生约 10 712 万人，幼儿园在园幼儿约 2 264 万人，合起来共有约 2.6 亿人在学校读书。但是，这个教育规模是在很短的时间内扩展起来的，规模的发展并不必然带来质量的提高，因此，如何促进规模与质量的协调发展，着力提高教育质量，也就必然成为我们当前应该关注的重要问题。所以，党的十七大报告提出，要"实施素质教育……更新教育观念，深化教学内容方式、考试招生制度、质量评价制度等改革"。国家也正在以全面推进素质教育为核心，构建国家基础教育质量监测评价体系，对基础教育的质量进行全面的监测和科学的评价。

要提高教育质量就必须进行教育的创新，就必须有变化。我们正在推进的素质教育和课程改革，使学校教育发生了巨大的变化，但是，变化并不一定意味着进步。校长在推进教育改革的过程中，要针对原有教育存在的问题，真正为了解决问题而变化，通过变化取得进步。教育创新应当坚持"一切通过实验"的原则，只有通过实验取得了成果才可能减少在广泛推进的教育改革实践中产生的问题。全国有许多以"实验学校"命名的学校，这些学校更应该首先承担起进行符合教育周期与教育规律的教育改革的实验任务。

形成学校办学特色

学生需要个性的全面发展，学校也需要个性的全面发展。千人一面的无差别教育不是真正的教育，千校一面没有个性的办学也无法办出高水平的学校。学校之间有特色差别，发展才有活力，改革才有动力，教育事业才有生命力。学校要形成自身的办学特色，就需要坚持特色发展的价值取向，创造具有个性的学校生态环境，以特色发展促进学校的教育创新，并以特色形成学校的教育传统。

首先，要坚持特色发展的价值取向。

特色是学校共性与个性的统一、核心价值与附加价值的统一。

特色是建立在共性与核心价值取向基础上的。所有的学校都有共性及核心价值取向，这种共性与核心价值取向体现中国特色社会主义对学校教育的基本要求，体现教育的基本性质、功能和规律。我国的学校都要贯彻国家的教育方针，都要落实国家的培养目标，都要实施国家的课程标准。因此，共性与核心价值取向是社会认同的标志。

但是，学校也必然具有个性。其实，学校的与生俱来的个性是在自身发展的不同历史过程中自然形成的。除此之外，不同的学校又会因为改革的切入点不同、学校的个性追求不同、工作重点不同，从而产生不同的附加价值取向。个性与附加价值取向的差别，逐步形成学校在某个领域的卓越。因此，个性与附加价值取向是社会选择的标志。

学校在发展中如果背离了共性与核心价值取向，也就背离了正确的方向；而忽视了个性与附加价值取向，也就必然导致学校自身的平庸化和学校之间的同质化。

特色集中体现学校对自身价值的认同，能够对学校的发展发挥有力的导向作用，在学校内部发挥巨大的凝聚作用，对学校水平的提高发挥巨大的推动作用，从而逐步形成学校的相对优势。所以，坚持走特色发展之路是学校重要的战略选择。校长应当在认真分析学校历史与现状的基础上，梳理学校特色发展的脉络，确立学校特色发展的方向，理清学校特色发展的思路，坚定推动学校特色发展的信念。

其次，要创造具有个性的学校生态环境。

学校的生态环境直接影响学生的生存方式、生活方式和行为方式。由于学校的特色是学校价值取向的集中体现，因此也就必然体现为学校生态环境的特征。

当前，学校特色有多种类型，主要表现在办学理念、办学模式、学校文化以及优势学科等方面。

学校办学理念的特色大多体现在有针对性地强化学生素质的某些弱项或者强化学校教育的某些薄弱环节。比如，许多学校在特定的教育理念的指引下进行了具有特色的教育改革实验，像快乐教育、情趣教育、创造教育等。

学校办学模式的特色大多源于办学体制与管理体制改革中所进行的一些实验，像一些学校进行的学制改革实验、与国外学校的项目合作实验、办学主体多元化实验，以及突破常规的教学安排实验等。

学校文化形成的特色体现在学校物质文化、制度文化和行为文化之中。

有基于地域特点的文化特色，如沿海地区学校的教育国际化特色、农村学校为建设社会主义新农村服务的特色；有基于历史特点的文化特色，即将地域与学校自身的历史文化特点凝聚到学校文化中来所形成的特色；有基于教育对象特点的文化特色，像学生来源于多个国家的国际学校所形成的多元文化特色、以民工子弟为主体的学校所形成的文化特色，等等。

值得我们关注的是，形成学校的学科特色是近年来教育改革的一种潮流。有基于学校课程体系的学科特色，比如学校建立比较完善的校本课程体系；也有基于优势学科建设与基于优势课外教育的学科特色。

普通学校学科特色的建设是现今一些发达国家正在推进的一种特色学校建设的重要形式。它通过强化某一学科的师资和设施，使学校形成某一学科的特色，从而创造学校某一方面的优势，用以带动学校整体水平的提升，并对其他学校的相同学科发挥辐射作用。

比如，英国实行了特色学校计划。1987年英国特色学校促进会成立。特色学校改革项目是英国政府的一项重大的公立教育改革计划，旨在引入企业的参与，通过对某一个特色学科领域的全面建设来促进和带动学校整体教学质量的提高，继而辐射和推动学校所在社区的教育文化发展。他们认为，只有通过卓越才能实现公平，只有使学校自由进行个性化教学，才能真正给孩子们提供适合他们的教育。进一步变革不仅是教学方式的变革，还包括学校自身体制的变革。"学校发展，学校自主"是特色学校建设的基本原则。现阶段，英国已有11门包括职业课程在内的特色学科在学校推行，全英国有超过1 600所学校参加了这个项目。英国各界广泛认同这项改革增强了学校的办学活力，提高了学校的办学质量。2006年12月1日，时任英国首相的布莱尔在伯明翰的特色学校与学院信托大会上讲话指出："当今教育的要旨是个性化学习，要充分认识到不同的儿童在不同科目有不同的能力。个性化学习不仅事关每个儿童走出独特的道路，还事关每一所学校都走出独特的道路。"

新加坡教育部今年提出，教育部为学校提供资源，让学校找到令自己卓越的领域。到 2012 年，希望有一半的学校能实现某一领域的卓越。

因此，学校走特色发展之路，就是要努力创造一个令自己卓越的领域，这一领域集中反映学校的价值观体系，它所彰显出的学校特色将融入学校的生活方式、教学方式以及其他行为方式之中，从而成为师生成长的良好的具有个性特征的生态环境。

再次，要以特色发展促进学校的教育创新。

学校的教育创新归根结底是针对普遍存在的固有的教育理念和教育模式进行的改革，而改革的创新点就是形成学校办学特色的基础。

学校特色的形成是一个长期的教育创新的过程，需要不断深化，不断丰富，不断积累。因此，形成学校特色的过程就是学校持续创新的过程，这就彰显了特色发展的能动作用。

特色不是点缀，不是肤浅的花样，更不能将其庸俗化。因此，有关学校特色的评估体系应当具有理念的认同度、参与的广泛度、内涵的深刻度、实践的执行度、优势的显效度和作用的迁移度等必要的维度。

学校特色发展的关键环节是在教育创新过程中进行合理的差异性策划，统筹学校内部有限的教育资源，拓展校外无限的教育资源，形成学校特色的情趣氛围，并不断深化有关学校特色的理论与实践研究。

最后，要以特色形成学校的教育传统。

学校特色形成了学校的相对优势点，从而激发师生的自信，激发师生的兴趣和激情，带动学校整体水平的提高。学校特色为形成学校风格、品牌、传统奠定了基础。实际上，学校的传统就来自于学校长期积淀形成的特色，因此，特色也就必然成为学校品牌的标志。学校特色既有助于学校的持续发展，也有助于学校的后发超越。一些原来水平较高的学校的持续进步，一些基础薄弱学校的成功超越，往往都是由于它们在特色发展中实现了某一领域的卓越。特色的保持与发展形成学校的传统，而优秀的传统本身就是竞争力。

学校的特色发展也是教育家成长的有效途径。教育事业的发展需要理念与实践的引领与示范，转型期的教育事业发展更需要理念与实践的引领与示范，中国需要教育家办学。教育发展的历史表明，在社会转型期，由于人们需要回答的带有挑战性的问题很多，所以这样的时期也是教育家涌现最多的时期。今天，处于社会转型期和教育转型期的中国需要教育家，也有可能产生杰出的教育家。

古今中外的教育家都有着丰富的办学经历，都是在办学实践中形成、调整和完善自身的教育科学体系的。办学者也只有将理念用于解决教育实际存在的问题、提供令人信服的榜样，才有可能通过积累，逐步成为具有自身教育科学体系的教育家。

教育家不是说出来的，首先是突破常规局限做出来的。这种突破常规理论与实践局限的过程就是学校特色形成的过程。所以，从某种角度来说，教育家产生于具有办学特色的学校之中。当然，最大限度地、合理地扩大学校的办学自主权，给校长更多的空间和时间，减少校长繁杂的事务，改善对学校"一刀切"的评价体系，正确对待校长在学校管理和教育教学工作中特色的形成，是教育家成长所需的外部环境。

教育改革的大潮为所有学校的发展提供了机遇，形成特色应该是学校和校长脱颖而出的重要条件。

所以，我认为，当代中学校长的重要使命就是：在国家教育方针的指引下，以不拘一格的方式办好不拘一格的学校，为培养不拘一格的人才打好基础。

2007 年 9 月，在日本举办了纪念世界民间联合国教科文运动 60 周年大会，大会的主题词引自日本一位女作家的诗句："大家不同，大家都好。"这体现了对多元文化的尊重。我认为，我国的现代化教育也应当形成这样的学校格局：大家不同，大家都好！

"大家不同，大家都好"

　　前不久，英国特色学校年会和中英特色学校论坛在北京举行，来自 20 多个国家的校长们济济一堂，共同探讨特色学校的建设问题。

　　倾听着专家们深刻的见解和生动的经验，我不禁想起日本女作家金子美铃写过的一首著名的诗——《我和小鸟和铃》。

　　　　虽然我展开双臂，

　　　　也绝不能飞上天空，

　　　　会飞的小鸟却不能像我，

　　　　在大地上奔跑。

　　　　虽然我晃动身体，

　　　　也不会发出美妙的声音，

　　　　会响的铃却不能像我，

　　　　会唱许多歌谣。

　　　　铃和小鸟，还有我，

　　　　大家不同，大家都好。

　　我想，"大家不同，大家都好"，这不仅是尊重多元文化的体现，也是尊重多元教育的体现。特色学校的存在与发展，正是"大家不同，大家都好"这种理念在教育中的升华。

　　"大家不同，大家都好"应该包含两重意思：一方面是虽然大家不同，但是大家都好。另一方面是因为大家不同，所以大家都更好。前者表达了事物因包容而绚丽多彩，后者描绘了事物因交融而百花争艳。

　　"大家不同"。在教育均衡发展过程中，这是一个十分值得关注的问题。有些人认为，教育公平就是让所有人接受所谓无差别的教育。而实际上，教育公平是要提供给所有人公平的接受教育的机会，特别是对政府财政提供的公共教育经费形成的教育资源应当进行公平的配置。但是，多元智能理论从一种教育哲学的角度告诉我们，人与人有着不同的智能结构，因此，人与人是有差别的。对有差别的人进行无差别的教育，本身就是不公平的。同时，学校之间即使在办学条件大致相当的情况下，也应当有各自的特色，这样才可能形成教育的活力。具有不同特色的学校，特别是在基础教育阶段的学校，其教育的核心价值并没有什么不同，都要符合各个国家教育的共同目标和共同规律。但是每个特色学校的教育附加价值却会有区别，而教育的附加价值正是学校的优势所在，也是学校品牌的体现。

　　"大家都好"。这是我们对所有具有特色的学校的评价。学校可能形成自身不同的特色，有文化特色，有区位特色，有体制特色，当然，英国特色学校倡导的是学科特色。学科特色的形成并没有改变学校的性质，并没有使这所学校变成一所专门的学校，而只是以一个优势的学科带动学校整体水平的提高。我在英国参观了不同的特色学校，有的是语言特色，有的是数学特色，有的是艺术特色，也有的是劳动技能特色。这些学校学科特色不同，但确实都很好。他们用特色提升学校品质，打造学校品牌，增强学校凝聚力，发挥优势学科对学校其他同类学科的引领和辐射作用，当然，也为培养某一方面的人才创造了一定的条件。

因此，特色学校虽然不同，但确实"大家都好"。"大家都好"，当然，整个教育事业也就会好。所以，创建特色学校，是学校优质发展的一个途径，也是整个教育事业优质发展的一个途径。

现在，我们关注教育公平，整顿教育秩序，教育正在朝着规范化的方向发展。但是，我们也要看到，一种忽视地区特色，忽视学校特色，力图实现一种理念、一种模式"大一统"局面的管理思想在随之蔓延。不少地区只不过要求学校成为简单的执行机构。在此背景下，学校不需要创意，不需要个性。不少管理者满足于学校循规蹈矩、整齐划一，而不少改革者又希望以他们所倡导的模式取代旧的模式，使其成为新的唯一。我想，这大概与现代学校制度建设的目标相去甚远，与国际教育事业发展的潮流也相去甚远吧。

所以，我觉得，中国的教育，还是应当通过鼓励"大家不同"，进而实现"大家都好"！

为了真正的教育公平

　　不久前，"嫦娥一号"副总指挥姜景山院士在一次会议上的讲话十分发人深省。

　　他说，当我们还没有完成卫星绕月飞行的全部准备时，美国拒绝和我们共同合作开发；但当我们实现了升空以后，美国就主动要求与我们合作。由此可见，具有自主创新能力和培养具有自主创新能力的优秀人才是多么重要。同时他又说，即使像"嫦娥一号"升空这样的前沿科技成果也不可能单纯由学术类人才包打天下。比如："嫦娥一号"摄影机上的一块镜片精度要求很高，需要人工磨制，而具备这种专业技能的技师就很难寻找。所以"嫦娥一号"升空，实际上是各类人才通力合作取得的成果。

　　党的十七大报告提出，要优先发展教育，建设人力资源强国。由姜景山院士的讲话我想到，一个人力资源强国的人才队伍正像党的十六大报告所指出的那样，应该由数以亿计的高素质劳动者、数以千万计的专门人才和一大批拔尖创新人才组成。因此，教育，特别是基础教育，就要为形成这样的人才结构奠定坚实的基础。每个学生由于智力结构不同、所处环境不同、个性特长不同，所以最终成才的类型也不相同。但无论最终他是一位拔尖创新的人才，还是一位专门人才或是一位高素质的劳动者，都是教育的成功，都是教育对建设人力资源强国的贡献。

　　教育公平是国家的基本教育政策。教育公平包括教育机会的公平、教育过程的公平和教育结果的公平。机会的公平就是"有教无类"，就是政府通过实现基本公共服务的均等化，对公共教育资源进行合理分配，以使不同性别、民族、种族以及不同家庭背景和财产状况的适龄儿童和少年都享有平等的入学机会，也就是使不同的学生都能有接受相同教育的机会。过程的公平就是"因材施教"，就是要针对不同学生的不同需求和不同特点，进行个性化和差异性的教育。要创造条件，满足有学习潜力的学生潜能开发的需要；要改进教学方法，以适应学习困难学生以及有其他学习障碍的学生提高学业成绩的要求；更要重视为学生的兴趣、爱好、特长以及其他优势潜能的发展搭建平台，从而使不同的学生都能够接受适合于他们的不同的教育。结果的公平就是"人尽其才"，正如陶行知先生所说的那样："教育是什么？是教人变。教人变好是好教育，教人变坏是坏教育。活教育教人变活，死教育教人变死。不教人变、教人不变不是教育。"教育者的责任就是使每个学生都能在原有的基础上变得更好，都能达到他能够达到的水平，发挥他能够具有的才能。因此，教育公平应当是教育机会的公平、教育过程的公平和教育结果的公平的统一。只有面向每个学生、为每个学生发展服务的教育才是真正公平的教育。

我们的学校教育当然要为培养拔尖创新人才奠定坚实的基础。钱学森同志虽然年事已高，但仍然十分关注我国科技领域领军人物的培养问题。在全面推进素质教育的过程中，努力培养学生的创新精神和实践能力，努力改变那种在各学科间"填平补齐"而非"扬长补短"的教学模式，并为一部分具有学术潜能的学生提供发展个性特长的智力引导与宽松环境，都是当前教育改革的迫切任务。但是，学校教育不能一刀切地只形成培养这一类型人才的单一模式，不能单纯把为这一类型学生的发展服务作为学校的唯一目标。基础教育不是选拔个别适合教育的学生，而是创造适合每个学生发展的教育。为各类人才的发展奠定基础，以形成人力资源强国的合理的人才结构，才是基础教育真正应当肩负起的责任。

据说，美国某位总统当选后，消息传回他的家乡，人们对他的母亲说：

"你的儿子当选为总统，你应当感到骄傲。"这位母亲回答说："我为我当选总统的儿子感到骄傲，但我也为我另一个儿子感到骄傲，他正在我们的庄园里劳动。"

许多学校在举行校庆活动时，都会列举从这里走出的政治家、科学家、艺术家以及其他名人的名字。这些优秀人才无疑是学校的骄傲，但是我想，我们的学校也应该像那位总统的母亲那样，同样为自己学校培养出的所有诚实工作的高素质的劳动者、技能型人才以及其他的专门人才感到骄傲。那将意味着学校学生观、人才观和教育观的根本变化，同时更加彰显学校教育"以人为本"的公平性和民主性。

教育有什么用？

早就听说北京东直门中学金帆管弦乐团的演奏水平很高，但一直没有机会去听。最近，正好到这所学校去讨论学校文化建设问题，应校长之邀，听乐团演奏了一曲格林卡的《鲁斯兰与柳德米拉》。同学们那样投入、那样准确地诠释着这首名曲。我深深地为他们饱满的热情和对作品的深刻理解而感动。而更令人感动的是乐团现任指导教师秦熙。他对我说，他中学时代就是金帆交响乐团的乐手，当年我曾经多次听过他所在乐团的演奏。后来，他出于兴趣，上大学就报考了音乐专业，毕业后又到中学担任音乐教师，并指挥中学生金帆管弦乐团。我这次能来听他指挥的乐团演奏，他非常激动。

这不禁使我想起20多年前的往事。那时，北京中小学的艺术教育还相当薄弱，除了个别校外教育机构外，学校里没有多少文艺社团活动，流行音乐占领了学生课余生活的主要阵地。为了提高学生的艺术品位、陶冶学生的情操、推动群众性艺术活动的开展，北京市教育局决定首先在一部分学校中成立一些高水平的文艺团体，以发挥引领作用。经过一段时间的筹备，民乐、管弦乐、舞蹈、钢鼓乐、合唱等文艺团体相继在一些学校成立起来。这些文艺社团统称"金帆艺术团"，寓意是：扬起理想的风帆，驶向成才的彼岸。当时就有人问，开展这些活动有什么用？今天，秦熙老师对艺术教育活动的传承与发展，算是给那些提问者一个响亮的回答吧！

走出东直门中学的校门，我又想起一件令我深受触动的事。

那是 20 世纪 90 年代初，台北市立第一女子高级中学的乐仪队到内地访问，这是一个有较长历史和较高素养的学生表演团体，他们在北京的演出给人们留下了深刻的印象。而当时，北京除了少先队的鼓乐队以外，中小学还没有行进的乐仪表演团体。因为乐仪队表演既要求学生有较高的演奏水平、较好的身体条件，还要有很强的合作意识与合作能力。我们看到这项艺术活动很有教育价值，就倡导北京有条件的学校尝试开展这项活动。近 20 年过去了，2009 年春节，我非常高兴地看到这项倡导取得的成果。

2009 年春节期间，澳大利亚悉尼市政府依照惯例，为华人、华侨举行了欢度佳节的传统活动——花车游行。每年这项活动都会有极少数"法轮功"分子捣乱，今年他们也雇了一些乐手，吹吹打打，试图制造混乱。但是，一支身着镶着金边的白色礼服、在指挥引领下行进的铜管乐队阔步走上街头。他们以风发的意气，雄壮的乐曲，精心编排、不断变换的队形，吸引了悉尼街头观礼的广大市民。市民们用欢呼声、喝彩声，表达了对这支队伍的高度赞扬，没有人再去理睬那些捣乱者。这支乐队就是北京学校的行进乐队之一——北京二中的铜管乐队。孩子们用自己的才华为祖国赢得了荣誉。

由此我想到，教育当然是有目的的活动，但我们不可对教育的目的作简单的理解。我们常常遇到有人质疑：学这个有什么用，学那个有什么用。这使我想起一个传说——据说，富兰克林用风筝在雷雨天取电成功时，旁边有一位抱着小孙儿的老奶奶问富兰克林：这有什么用？富兰克林反问老奶奶：您抚养孙儿长大，他将来有什么用？老奶奶回答说：我现在说不出，但他长大了肯定会有用！富兰克林说：我的发现也是一样，我现在说不出它有什么用，但我相信，它将来总会有用处。后来，电的使用几乎改变了整个世界的生产方式和生活方式。

其实教育就是这样，也许我们不能简单地回答所有教育活动的直接用处，但是只要我们为学生打好基础，将来总会对他的一生发展有用。所以，我们的目光不能只局限于教育活动的简单的实用价值，这大概才是真正"大气"的教育吧。

学校幸福指数

　　前不久,《中小学管理》主编给我发来一幅照片:画面看起来是一个高中毕业班的教室,每个课桌上都堆满了教科书和辅导材料,夜深人静,一位同学正在伏案苦读。黑板上方有一条触目惊心的标语,引用了女作家萧红的一句话:"生时何必久睡,死后自会长眠。"看着这令人感到窒息的画面,我想,难道教育就是把人生的一切幸福都交付未来,而在当下只留下痛苦吗?

　　前些天到广西柳州考察,柳州市教育局局长和我谈起他们正在研究的一个课题——幸福教育,听了之后,我万分感动。他说,使学校里的所有人都感到幸福,这是我们应有的追求;幸福不应当是一句空话,要把增强师生的幸福感贯穿于学校的全部工作中,这才是真正的以人为本。幸福教育课题研究的重点是学校的幸福指数。他认为,大家常说要使师生生活得更快乐,但没有一个指标体系可以衡量,因此也就难以落实。所以,他们正在试图借鉴生活幸福指数的理念,设计一种学校幸福指数,以探索使师生生活得更幸福的标准,使幸福变成看得见、感受得到的东西。同时,他们还要研究评估的方法,探索将创造良好的外部环境和师生的主观幸福感结合起来评价师生幸福水平的途径。

　　谈到学生的幸福指数应当包含哪些内容时,局长提出要把身心健康放在第一位。他说,要创造使学生身心健康的外部环境,包括合理的课业负担、愉快的活动天地、和谐的师生关系,甚至包括控制近视发病率等。我深深感到，这才是把人的眼前幸福与终身幸福紧紧联系在一起的教育。

我接触和参与了许多课题研究，但这个课题是使我感到最温暖、最人性化的一个课题。我常想，中国的传统观念就是学习是为了未来幸福地生活，所谓"吃得苦中苦，方为人上人"。为了有朝一日金榜题名，今天就要以头悬梁、以锥刺股。但现在已进入终身学习社会，人生既是生活和工作的过程，也是学习的过程，难道我们还要倡导学习一生，痛苦一生吗？当然，学习是艰苦的，但不应以身心的痛苦为代价，更不应让儿时的痛苦成为终身痛苦的根源。因此，我从心里佩服这位局长长远的眼光和广阔的胸襟。

去柳州市的第二天，我们乘车近3个小时，来到三江侗族自治县的丹洲镇参观一所小学。这是一所位于融江边的学校，共有200多个学生。校舍、设施按照县里的二类标准配备，虽不奢华，但很齐全。在这里，我能鲜明地感受到柳州市一贯倡导的幸福教育的影响。

融江中间有一个沙洲，就是有名的丹洲。费孝通先生在20世纪抗战时期曾来这里进行社会调查，岛上现在还有1000多个居民。30多个孩子每天要由家长送到江边，乘渡船上学，放学后再乘渡船回家。其他学生也有不少需要走山路上学。尽管如此，老师和孩子们都在这里找到了快乐。

校园里大字书写着："我快乐，我成长"；教室的墙上高挂的标语是："学海无涯乐作舟"；一个班的班级口号是："在快乐中成长，在耕耘中收获"；一个班表扬栏的名称是："快乐每一天"；一个班作业展示栏的名称是："开开心心，认认真真"；一个班的班级公约是："懂得用嘴角微笑，知道用小手帮忙，学会用耳朵倾听，体会用心灵理解"；一个班全体同学和老师的合照上写着："瞧，我们快乐的一家人"。我看到，留守儿童们在进行穿衣比赛、整理书包比赛，学习钉扣子、补衣服。教师们利用双休日进行家访，给孩子们送去温暖，带来快乐。

在这里当教师很是辛苦。因为是山区，所以许多教师都要乘车从很远的地方赶来上班，但大家都有很好的心态。教师备课室的墙上写的口号是："笑对生活"。教师们自己编辑出版了一份小报,名叫《朝阳》,上面记录着他们工作和学习的心得。一位工作了十多年的侗族女教师听说我们来了,专门穿上侗族的服装,戴上银饰,欢迎我们。她笑着说,这身衣服是第二次穿,第一次是她结婚的时候。她现在每月工资1600多元,每天从县城到这里上下班就要花10元车费。她担任三年级班主任和少先队大队辅导员,工作很忙,但很快乐。她说,当班主任很幸福。上周她刚参加县里的班主任培训,内容就是:做幸福的班主任。

我在这里感受到了那么多的快乐,那么多的幸福,深感这里的学校幸福指数很高。同时我也生出一点感悟:尽管面对许多难题,但只要我们想做,幸福其实离师生并不遥远。

一所创造幸福的学校

在沈阳市怒江小学校门前，每天早上同学们都会行90度鞠躬礼和父母道别，向老师行礼问好，这已成为一道引路人注目的靓丽的风景线。

每到教师节、节假日返校的第一天，校长还会带着全体教师在学校门口迎接学生，给孩子们一个大大的拥抱，在耳边说几句鼓励的话语。动人的场景，温馨的气氛，让许多家长在校门口感动得热泪盈眶。一位小同学六个月大的时候母亲就去世了，她在日记中写道："早上入校，老师拥抱了我。那么温暖！我知道了什么是妈妈怀抱的滋味。"

我在沈阳进行调研的时候，深深地被这样一所为外来务工人员和他们的子女创造幸福的学校所感动。

怒江小学位于沈阳市皇姑区西部，是一所接收外来务工人员子女人数很多的学校，现有510名学生，17个教学班。多数学生缺少家长在他们成长过程中的陪伴、关心和指导，家长也缺少家庭教育的知识和能力。很多学生没有养成良好的学习和生活习惯，还有一部分学生存在胆怯、自卑、偏执等心理问题。学生幸福感普遍较差。

学校开展了以爱为核心文化，关注学生生命成长，培养健全人格，感受和创造幸福的幸福教育实践。让这些城市中流动的花蕾，不仅有一个幸福的童年生活，还要为他们一生的幸福打下坚实的基础；不仅仅给他们生活上的关爱，更要让他们形成正确的人生观、幸福观，学到获取幸福的本领。幸福教育要传播爱的理念，让学生在奉献他人中感受成长的快乐；培养爱的品质，让学生在自我教育中感受成长的幸福。

学校和家长配合一道开展了"孝亲"教育，让孩子们了解父母工作的辛苦，体会父母对儿女的爱和付出，为父母承担力所能及的家务。一位同学的爸爸妈妈在早市卖菜，每天天不亮就出门。以前，她妈妈每天起得更早，要把姐弟俩收拾利索才能出门打工。自怒江小学"幸福教育"实践中的"孝亲"教育活动开展以来，孩子知道了妈妈的辛苦，自觉承担早起后的家务。她把自己的幸福感受收藏到"幸福成长袋"中。她说，她能做好妈妈的小帮手，体现了自己的价值，只有把幸福传递给他人，才是真正的幸福。孩子们在"孝亲"活动中提升了对幸福的认知。没开展"幸福教育"之前，许多外来务工人员子女对幸福的感受仅仅是有零花钱，有好吃的东西和漂亮的衣服，有爸妈陪着逛公园，他们的幸福感受是在爸爸妈妈的给予中获得的。通过"孝亲"教育活动，他们端正了幸福观，体会到为父母端一杯茶，帮父母做一些家务，完成作业工整干净，让亲人快乐愉悦，就是幸福。家长在反馈信中写道："我的孩子长大了，懂事了。我虽然每天很辛苦，但孩子能理解我的辛劳，我感到很幸福，再累也高兴。"

和城里的孩子相比，外来务工人员子女艺术素养差，更没有机会发展艺术特长。为了让这些孩子能和城里的孩子一样，学校与企业家联络，聘请了10位名誉校长和15位校外辅导员，集资建立了琴、棋、书、画四个专业教室，买来古筝、围棋等设备，聘请了五位应届大学毕业生做教师，教师工资和五险一金由企业家来支付。他们通过课程整合，开设了琴、棋、书、画、武五门课程，作为校本课程进行全校性普及教育。三年来，全校同学都会弹古筝，下围棋，打太极，还可以免费参加学校组织的课后兴趣小组。家长们说他们从未敢想，自己的孩子能学琴棋书画，比不少城里孩子学得还多，懂得还多。

学校抓住教师成长和社会联动两条主线，不断把"幸福教育"引向深入。

　　对外来务工人员子女开展"幸福教育"，首先要提升教师自身的幸福指数，教师拥有强烈的幸福感，才能在润物无声中影响学生的人生观和幸福观。没有幸福感的教师教不出能获得幸福、并能创造幸福的孩子。学校多方面提升教师的职业幸福指数，努力让每位教师快乐工作、快乐生活。

　　怒江小学的老师们认为，外来务工人员为城市的建设做出了巨大贡献，学校必须尊重和理解他们。虽然他们的孩子有的只是短暂地在学校读书，但是只要他们一天是本校学生的家长，就要做好对这些家长家庭教育的支持和帮助。学校组成了家庭教育援教志愿者团队，从校长开始，带领老师到家庭走访，了解他们存在的具体困难和问题。学校以班为单位开设了家庭教育课堂，请国学讲师讲《弟子规》，给家长推荐必读的书籍，召开家长读书交流会。

　　学校充分借助社会资源推动幸福教育。提出了"再造书香门"计划，征集了100位企业家为100个家庭配置图书。招募了200位大学生志愿者走进学生家里对学生课业学习进行辅导。2010年暑假，30多位企业家组织100余名在怒江小学就读的外来务工人员子女去海边看海，进行拓展训练。企业家们在活动中精心呵护每一个孩子。当学校师生看到这些在商场上叱咤风云的老总们跪在地上给孩子们洗脚的时候，不禁流下了感动的泪水。被人关爱的幸福感如同春雨一般悄悄浸润孩子们幼小的心灵，这成为最生动的爱的教材。

　　幸福教育实践活动，让怒江小学的孩子们深深认识到：真正的幸福是通过你的付出给别人带来快乐的一种感受。这个感悟，将会铭刻在孩子们心中，成为影响孩子一生成长的生命烙印。

　　在这里，我看到了对外来务工人员子女教育认识的升华，当一些地区还把这项工作看成是一种负担、一种恩赐的时候，怒江小学已经把它看作播撒爱的种子，创造幸福人生起点的神圣使命和历史责任。

快乐教育不能一味地强调学生快乐

推进快乐教育，最大的担心是一味地强调学生快乐，将会放松对学生的严格要求，导致对学生的放纵，使学生的缺点、错误甚至恶习难以克服和改正。如果想做到"寓教于乐"，教师必须加强自身的人格修养和心灵净化。

作为推进教育改革的突破口，快乐教育在我国已经走完 30 年历程。苦于学生学业负担过重、全面发展的教育方针难以贯彻落实，当时"快乐教育"的提出具有很强的针对性，因此不少地区都推广这一理念，并在一些学校开展这项实验。30 年来，通过深化教育改革，快乐教育的内涵被逐步赋予新的认识，教育实践不断丰富，现在已成为立德树人的有效实施途径。总体来讲，我国快乐教育更多的是将中国优秀的传统文化与时代精神相结合，形成了具有中国特色快乐教育的价值取向、科学依据以及实践探索，并逐步将其渗透到教育的全程和全员。

立德树人是中国快乐教育的价值取向。韩愈在《师说》中说"师者，所以传道授业解惑也"，首先强调传道，然后是授业。也就是说，教育的目的首先是要教学生学会做人，然后才是学会做事、做学问。而中国传统做人之快乐价值观是"先天下之忧而忧，后天下之乐而乐"，这是我国先贤忧国忧民的价值追求和真挚情怀，也是当代社会主义建设者和接班人的高尚品德。所以，快乐教育是教育学生把个人的快乐融入他人和集体的快乐之中，把个人的快乐和中华民族的伟大复兴理想统一起来。因此，当代中国的快乐教育应当是以实现中国梦激励学生的进取心和润泽学生的幸福感，从而形成良好的道德品质，而绝不是在张扬盲目的享乐主义。

心理健康是中国快乐教育的科学依据。快乐是心理健康的核心，是心理健康教育的根本。近年来，积极心理学的发展充分证明了这一点。快乐的性格是学生优良品质的基础和来源，而烦恼的性格几乎是许多缺点的起源。《论语》中说："学而时习之，不亦说乎？有朋自远方来，不亦乐乎？"培养学生快乐的心态，从而形成快乐的性格，是学生学习和交往的动力，也是学生全面发展的基础和创造力的源泉。推进快乐教育，最大的担心是一味地强调学生快乐，将会放松对学生的严格要求，导致对学生的放纵，使学生的缺点、错误甚至恶习难以克服和改正。实际上，快乐教育基于立德树人的宗旨，绝不是降低教育的标准，更不是不让学生吃苦，不进行必要的批评，甚至置校园暴力和欺凌于不顾，而是让学生在经受成长中的各种困难、挫折、错误、失败的体验时，能够始终保持一种良好的心态，从而使自己的生命有一个明亮的底色，为一生乐观向上奠定基础。

"寓教于乐"是中国快乐教育的实践探索。教是目的，教通过乐的过程才能取得更好的效果，教化功能总是在使人获得愉悦的审美体验和审美感受中实现的。当然，由于学生个性的差异，教育和教学过程中的真、善、美必须通过共性与个性的结合，转化为个体可以接受的形式，从而实现形式与内容的融合。近年来，快乐教育和快乐教学实验学校的教师正是在这方面进行了许多探索，让学生感受全新的教学模式，在快乐氛围中愉悦身心，潜移默化地得到提高，取得令人耳目一新的成果。当然，实践也证明，如果想做到"寓教于乐"，教师必须加强自身的人格修养和心灵净化，用自身的乐观心态进行快乐教育的研究。所以，快乐教育不只是使受教育者快乐，也会让教育者自身提升境界。

30年来，快乐教育伴随我国改革开放的脚步前行，为改变学校教育、家庭教育的面貌做出了贡献，也在探索过程中培养了一批优秀的学校和教师。

要更好地实施快乐教育，教育者必须以无畏的担当和乐观的心态继续推进教育创新，从而给每个人的人生、民族的未来带来更多快乐。

培养善于质疑的审辨能力

最近网上有一条信息引起了许多人的关注。一位家长说，他孩子的老师留的作业中有一道偏题怪题，他认为这反映出教师水平不高、教学混乱。

这道题是问，一条船上装着若干只羊、若干只鸡和若干其他牲畜，问船长的年龄是多少？家长觉得这种题实在荒唐，无法得出答案。

的确，用传统的观点看，这类题确实有点荒唐。但实际上这道题是几年前一项教育研究针对学生思辨能力而出的一道测试题。

测试者从小学低、中、高年级分别随机抽取了各 20 名学生，用这道题对他们进行测试。测试的结果是，低年级学生一般都找不出答案；中年级学生有一部分写出了一些猜测性的答案；而高年级学生大部分都写出了答案，当然也都是毫无根据的猜测。

由此看出，我们的教学已经使学生形成了一种思维定式——只要教师出了一道题，就一定会有标准答案。低年级学生还未形成这种思维定式，所以得不出答案；而高年级学生经过我们多年培养，已形成这种思维定式，所以不再怀疑题目本身的合理性，而是去设法编出一个答案。由此可见我们的教学在培养学生质疑能力方面的不足。

在相当长的时间里，不少学校的传统教学都是以让学生掌握"双基"为主，所有作业、考题都有"标答"。这种教学无疑是一种不增值的循环——教师教给学生知识和技能，学生学会，考试时再还给教师。

"双基"当然是重要的,特别是对于年龄小的孩子来说。但是,信息时代到来后,教育正在实现从"知识传授"向"能力发展"的转变。现代教学改革更加注重培养能力,特别是思维能力、实践能力、交往能力和创造能力,而培养质疑能力正是培养思维能力的起点。

习近平同志曾在一次讲话中引用了《礼记·中庸》中的一句名言——"博学之,审问之,慎思之,明辨之,笃行之",意思是要广泛地学习,仔细地询问,审慎地思考,清晰地分辨,忠实地力行,而质疑就是学习与实践的重要环节。中国传统上把学者叫作"有学问的人",也是把"学"与"问"连在一起的。

质疑也是批判性思维(Critical Thinking)的重要能力。"批判性思维"的起源可以追溯到苏格拉底。Critical 源于希腊文,意为辨明或判断的能力,也含有标准的意思,因此,也可以理解为基于一定标准的有辨识能力的判断。杜威提倡"反省性思维",格拉泽尔倡导批判性思维,美国《州共同核心标准》把批判性思维的培养置于教学的核心地位。批判性思维已经被现代社会普遍确立为教育的重要目标之一。

但正如有些专家提出的,将 Critical 翻译成"批判性"容易产生误解,因为人们常把批判理解为一种否定。而实际上,Critical 并不是否定的意思。所以近年来,许多专家将它翻译成"审辨性"或者"评判性",这确实更接近其本意。审辨性思维的目的不是驳倒什么、否定什么,而是反对盲从,提倡"保持怀疑"的科学精神,主张从多角度思考,验证其合理性,并通过检测、补充、融合、修正,提升观点的水平和进行新的创造。审辨性思维作为一种高级思维,决定着一个人面对学业、人生和社会问题时的情感态度,思想倾向和实际解决问题的能力。

培养学生审辨能力的关键是要更新教育观念、创新教学方法。要引导学生以理智的怀疑和反思的态度,发现问题、提出问题、质疑观点、自主分析,通过缜密的推理解决问题。只有通过自身的探索活动,学生的学习才可能是有效的，而有效的学习过程不能单纯依赖模仿与记忆，因此，培养审辨能力要从学生乐于并善于质疑开始。

乐于和善于质疑可以激发求知欲望和学习兴趣，是推动学生主动学习的动力。在教学中，教师应当积极设疑，如设计一些与教学内容相关的、学生想知而未知的问题，激发学生的求知欲，让他们产生探求新知识的热情，从而使学生形成稳定的、持久的学习动力。

乐于和善于质疑可以使学生获得正确的认识，对知识和观点有更深刻的理解。我们要引导学生在遇到新的知识和观点时，问一问"为什么""是不是有道理""还有没有别的看法"，在比较与鉴别中做出自己的判断。质疑既不是"置疑"，否定一切，也不是简单地让所有不同看法并存，不分是非，而是要通过审问、慎思而明辨，进行理性判断，得出正确认识。这在当今社会矛盾复杂化、学生信息来源多渠道、社会价值取向多元化的背景下，更显示出其重要意义。

乐于和善于质疑可以为培养学生的创新精神和能力奠定基础。创新往往始于质疑。鼓励学生主动提出与教师不同的看法，教学中对不同内容的比较研讨，出些无标准答案的开放题，甚至像文章开头提到的检验判断能力的问题等，都为培养学生思维的变通性、创造性提供了更多的可能。

因此，教师要根据学生的年龄特点创设环境，鼓励学生打破常规，善于发现问题，敢于提出问题，尝试解决问题。我们也希望家长能认同并践行这一教育理念，共同培养不仅有知识、技能，而且有能力的新的一代。

童心教育的魅力

前不久，北京市海淀区召开宋继东校长办学实践研讨会，对其在首都师范大学附属小学（以下简称"首师大附小"）倡导与实践的童心教育进行了研讨。我对这项研究有所了解，也曾经作过评论，此次再度学习他的实践经验，更深刻地感受到童心教育的魅力。童心教育确实是我国教育改革宏篇中有价值的一页。

宋继东校长倡导的童心教育，对我们有很多启示——

其一，要怀着童心办教育。童心无畏，童心真诚，童心心无杂念，童心勇往直前。现在，受社会多元价值观的影响，教育工作者的追求也变得多元化。世俗的名利观念，以及由此带来的重表面效果、浮躁虚夸等倾向，在慢慢侵蚀着教育的肌体。但宋继东校长多年从教，担任校长 23 年，一心一意，心无旁骛，从农村小学到城市小学，从单体学校到多个校区，到试行九年一贯制……他始终忠诚于党的教育事业，不断提出自己的教育主张，在实践探索中克服重重困难，取得了良好的教育成果。对待事业，他始终保持着一颗童心，一颗赤子之心，纯洁、深情、无畏。我想，当我们面对肩负的教育改革与发展重任时，当我们面对外部世界的多种诱惑时，都需要葆有一颗这样的童心。

其二，要服务童心办教育。基础教育的服务对象是孩子们，他们有着一颗颗童心。教育要有针对性、适应性，才能取得实效性。宋继东校长和首师大附小把学校的培养目标确定为：培养具有爱国品行、创新能力、率真性情的儿童，让学生享受幸福童年。他们还以鸟的成长过程比喻孩子的成长过程，形成"巢中小鸟、林中飞燕、云中翔鹰"三个年龄段的德育一体化方案。他们创建"真心德育"，构建"童心课程"，培育"童真少年"。他们将童心教育的理念与实践紧密结合，在提升学生核心素养、创新课程管理方式、建设学校特色课程、优化学生评价方法等多方面进行了积极探索，并着力打造"童心课堂"。

其三，要呵护童心办教育。在这个时代，不单孩子们需要童心，而且我们所有人，包括老年人都需要保持一颗童心。

保持童心，一是要有童真。要天真、纯朴、真挚；有真情，说真话，办真事。陶行知先生曾说："千教万教教人求真"。在当下社会中，我们特别需要这样一个"真"字。

二是要有童趣。孩子们充满了对世界的热爱，他们的生活乐趣多多；我们成年人也应该始终保持一种乐观的心态，始终充满对生活的挚爱。

三是要有童梦。每个孩子都有自己美好的梦想，而每个人不断进步的信心和决心正是推动整个社会不断发展的强大力量。

所以，无论是孩子，还是我们成人，都需要保持童真、充满童趣、放飞童梦。这是这个时代所有人之所需。所以，童心教育的最终目的是使我们的孩子长大成年后，仍然能够保持这颗童心。

如果我们的教育不能创造适宜的环境，不能真正保持童真、充满童趣、放飞童梦，那么童心就会逐渐消失殆尽。我们观察到，泰国人用来拴大象的仅仅是一根细绳和一个小木桩。有人很难理解，相对于大象这个庞然大物而言，细绳和木桩的约束力几近为零，为什么大象不会挣脱？那是因为泰国人在小象刚出生后，就给它系上缰绳，拴在小木桩上。一开始，小象特别烦躁，拼命挣扎，可惜，那时它们的力量远远对抗不了缰绳和木桩，最后的结果是自己弄了一身伤。过了一段时间，它们便会放弃挣扎，选择屈服。就这样，这些大象即使已长成庞然大物，但依然被那一根细细的缰绳牢牢地拴死在小小的木桩上。可见，从小养成的习惯有多大的惯性与力量。

我想，我们的教育应该给孩子们一个广阔的空间，而绝不应成为拴住孩子保持童真、充满童趣、放飞童梦的缰绳。这是我们需要童心教育的重要原因。我们不应把率真的人变成虚伪的人，把乐观的人变成颓废的人，把追梦的人变成不思进取的人。

从这个意义上说，童心教育是教育改革的一个很有引导力的理念和实践。在首师大附小，我们看到了童心教育的丰硕成果。我相信，宋继东校长和首师大附小在童心教育上会创造出更多的经验，为我国教育理念和实践经验宝库增添一份宝贵的财产，为落实习近平主席在全国教育大会上的讲话、为中国梦的实现做出新的贡献。

改革·坐看云起时

千头万绪瘦身急

最近看到一则消息：某县政府决定，年底各单位的工作总结和个人总结，都要求只写一张纸，只要列出全年做的主要工作、主要经验、主要问题的标题即可。除了需特殊说明者外，都不需要展开来写，更不许写官话、套话。北京西城区教委去年年终也规定，各科室的总结一般不要超过400字。我想，这真是做了一件切中时弊的大事。正如许多人都明白体重过高容易得各种疾病所以需要减肥一样，我们的工作，包括教育工作，也真的需要瘦身了。

现在，虽然都说要下大力气认真解决学生负担过重的问题，但实际上也没有用多少精力来研究这个问题。因为岂止是学生负担重，教师、校长、教育行政部门的领导也都忙得不可开交。

不少教育界的同人对我说，"文山、会海、检查风"已经使他们不堪重负。

海南一所实验幼儿园的一位老师说，他们在推行无纸化工作，一日生活日志、教育教学工作日志、学生成长日志和其他一些资料都要输入电脑，每人每学期将其制作成一个光盘保存。这本是件好事。但是，上级领导来检查工作，一般是不打开光盘看的，所以为了迎接检查，园里要求教师将光盘里的所有内容都打印出来，装订好，以便领导翻阅。结果为做此事，去年寒暑假教师都不能休息。

北京一位校长告诉我，去年一年他们迎接各种检查十几次。检查来自不同的上级机关，但内容很多是重复的。每项检查都关乎学校的荣誉，所以不得不高度重视。每项检查都要看相关资料是否完备，甚至要从接待工作看学校对这项检查是否足够重视，所以，学校都要兴师动众地做准备。上级机关的口号是"以检查促工作"，学校只好提"以迎评上水平"。这位校长说，我们每个月几乎都是在迎接检查中度过的。

教育行政部门的同志也并不轻松。一个地区教育工委的领导告诉我，他去年一年大概参加了500多个会议，有时，一天要赶三四个会。会上纷繁复杂的内容，大多要向下传达，不少还要形成文件。因此，准备报告、起草文件，就成为一件没完没了的"重要"工作。除了机关的同志要加班加点之外，教育科研部门的同志也要投入相当大的精力。由于无暇深入调研，所以报告和文件也常常是秀才们闭门造车的成果。

这使我想起最近看到的一份资料。美国麻省理工学院教授沃麦克（James P. Womack）与英国精益企业研究院院长琼斯（Daniel T. Jones）合著了一本书，名叫《精益解决方案》。他们将其共同创造的"精益理论"从生产性企业扩展到服务性行业。这种理论的精髓就是：精简生产过程中不必要的部分，从而创造更大的效益。"精益生产"英文是 lean production，而 lean 就有"瘦"和"紧凑"的含义，所谓"精益"，就如同给企业"瘦身"。沃麦克博士说，他在对企业进行考察时，经常发现"人们在非常卖力地犯错误"。他认为这是由于企业很少考虑两个问题，即"你为什么这样做""如果你不这样做会怎么样"。也就是说，没有首先看看存在的问题是什么，再看看怎样来解决这些问题。

我想，教育工作实在太需要这种"精益理论"了。

一是我们所做的事情要切实从存在的问题出发，最后达到解决问题的目的。不应当只考虑我们做了多少事，付出了多少辛苦，而不考虑这样做究竟有没有解决问题和解决了多少问题。教育现在面临的问题很多，我们应当将精力集中到解决这些问题上来。

二是我们要切实精简工作过程中不必要的部分。如果教育的每一层都在给下级吃过多的食物，而同时又都在等着上级给自己减肥，不肯从自身做起，那么，教育效益是提高不了的。每一层都应当下决心为下级瘦身。当然，这首先要从领导机关和机关领导做起，不是真正必要的文件不发，不是真正必要的会议不开，不是真正必要的检查不搞，加强对相关部门的统筹、协调，树立精益观念，努力实现瘦身。道理很简单，如果所有人都深陷于"文山、会海、检查风"之中而不能自拔，不就是在"非常卖力地犯错误"吗？

《尚书·大禹谟》中说："临下以简。"古代开明的统治者尚且懂得管理下级应当采取最简便的方法，我们更有责任引领教育事业走出一条轻装前进之路。

知快守慢

听四川的朋友说，成都市在被评为最佳休闲城市后，总结出成都休闲文化的理念：张弛有度，知快守慢。

我想，这一理念不仅诠释了休闲文化的深刻内涵，更揭示了一种处世和处事的积极心态。文武之道，一张一弛，"张弛有度"倡导了一种合理的节奏；理解要快，落实要稳，"知快守慢"倡导了一种扎实的作风。在浮躁之风弥漫的今天，我们实在是太需要这种文化了。

教育需要跨越式发展，但跨越是为了发展，而发展必须明确方向、符合规律。现在，一种将"以快为好"作为唯一价值取向的"快文化"，在某些地区存在甚至蔓延，其主要表现如下。

表现之一是决策者不认真调查研究。决策要当机立断，但前提是要对机遇有准确的把握。现在，新的情况和新的问题不断出现，决策者单凭过去积累的经验很难做出正确的判断。因此，认真调查就成为至关重要的环节。记得十多年前，北京参与了国际 IEA 项目的调查，动员了许多同志对全市近万名幼儿逐个面谈进行测试，结果发现，有若干项指标，在园幼儿均低于未上幼儿园的孩子，这使不少人对幼儿园教育的效能产生怀疑。这一大大出乎人们预料的结果，引起幼教界对改进幼儿教育的关注，也使教育行政部门进一步体会到调查研究的重要性。现在，有些地区的教育管理者在决策时不做调查研究，或根据经验推断，或根据理论演绎，即使做些调查，也常是为了给已有结论提供佐证。这种轻率的态度确实贻害不浅。

表现之二是决策者缺乏系统的思考。现在，教育是个热门话题，社会各界议论纷纷，新闻媒体评论不断，人大代表、政协委员广泛关注，这是一件好事。大家的意见和建议对我们改进教育工作有重要的参考价值。但是，教育是一项系统工程，一个因素的调整往往会引起另一个因素的反应，从而造成整个系统的波动。所以，我们对教育的改革与发展，必须作系统的思考，要充分考虑各项相关因素对整体的影响，从整体的改革思路出发，提出解决具体问题的方案。头痛医头、脚痛医脚的做法，常常会在注意一种倾向的同时，忽视了被掩盖着的另一种倾向。现在，有些地区的教育决策者急于应对各方面就某些具体问题提出的意见，匆忙决策，结果是：一个方案出台不久即引发许多新的问题，不得不再匆忙提出新的应对方案，朝令夕改。

表现之三是决策者缺乏科学、民主决策的意识。我们要减少决策的盲目性，就必须将决策的科学化和民主化结合起来，请各方面的专家和实际工作者参与研究。事实上，决策责任制是实现决策科学化和民主化的前提，而我们现在的问题是，只重视执行的责任，而忽视决策的责任，这就会助长决策者的主观臆断。现在，有些地区的教育决策只是领导者个人的一种想法，未经充分论证，就作为本地区的一项政策颁行；有的则只考虑需要，不研究可能，结果在实践中无法贯彻执行。

表现之四是决策者不认真进行试验。教育的问题，从来都是理论和实践紧密联系的问题。实行或者推广未经实践检验的政策与方法，往往会产生不良的后果。同样的政策或方法，在不同地区实行后常常会产生不同的效果。因此，我们需要认真进行试验。当年，中央决定建立承担教育试验任务的景山学校时，有关领导同志就曾经指出，教育的问题要"一切经过试验"。现在，有些地区在进行教育决策时只是请几位专家讨论一下，然后再请几位笔杆子起草一个方案，未经试验就立即颁行。还有的地区不考虑各地实际情况的差别，对其他地方的经验不加分析，就大面积推广，结果也无法达到预期的效果。

以上种种做法看起来"快"，实际上反而"慢"。认真调查研究，进行系统思考，科学民主决策，一切通过试验，当然都需要时间。但是，这种"慢"是为了使改革与发展的方向更明确，更符合教育规律，从而减少反复，加快健康发展的步伐。因此，这种"慢"反倒能产生"快"的效果。

我们希望教育的面貌日新月异，但不愿看到教育的政策日新月异，"知快守慢"应当成为当前教育事业改革与发展的重要原则。

谈"习惯性保护"

2009 年教师节，党和国家领导人接见了优秀教育工作者的代表，刘延东同志在讲话中指出，要把改革创新作为教育事业发展的强大动力。

在促进教师专业发展的过程中，学习型组织的建设是重要保障。传统的教师培训、教学观摩与研究，新兴的校本学习、校本教研，以及近期发展很快的境外考察、网络教研、跨校教研等，都对提高教师的专业水平发挥了重要作用。

学习资源的拓展、教研方式的改进，对学习型组织的建设都是重要的。但是，创造良好的学习文化和教研文化，却是需要我们更加关注的问题。

在学习型组织中，每位教师都是学习的主体，而学习的目的是为了学校愿景的实现，每位教师都是在实现学校目标的过程中，体现自身价值的。因此，创新应当是推动教育事业发展的不竭动力。

学习型组织的倡导者彼得·圣吉（Peter M. Senge）曾经指出，创新的过程实际是一种结构性冲突的解决过程。也就是说，当你受到外力的作用产生一种创新的冲动时，会形成一种创造拉力，但与此同时，常常也会形成一种情绪张力，这种张力就是对旧东西的"习惯性保护"。只有创造拉力战胜情绪张力，创新才能够实现。

情绪张力形成的"习惯性保护"，常常表现为多种形式。

"习惯性保护"之一——否定个人的观点就等于否定个人。常常出现这种情况，某位教师否定了一种创新尝试，有些人对他的观点有看法，但如果直接提出，怕被误认为是否定这位教师，更怕被认为是对这位教师不尊重，于是，就保持缄默了。其实，活跃的学习空气，就在于大家的畅所欲言，观点的交锋并不是对个人的否定和不尊重。在教育创新的过程中，我们必须将"对人"与"对事"区分开来，这样才可能做到知无不言，言无不尽。

"习惯性保护"之二——"是谁"大于"是什么"。真理是客观的，并非天然地站在领导者一边。但是，在教育创新过程中，常常出现这种情况，只要领导否定了，专家否定了，讨论也就结束了。领导或专家的讲话就是结论。现在，对一件事的评价，常常是由一批专家下结论。其实，在很多情况下，教师并不一定同意专家的意见，但因为专家是权威，所以也就只能言听计从了。我多次主张对专家的评价进行再评价，就是要请教师对专家的评价发表意见，这样才不至于以权势掩盖真理。

"习惯性保护"之三——推理重于实证。这是一种"短平快"的研究风气。我们在进行教育创新时，常常发现用推理取代实际验证的现象。有些人只凭一些逻辑演绎、主观臆测就下结论。甚至对一些重要的教育观点、教育现象或者教学活动，不经实践检验就轻易地做出肯定或者否定的判断。再加上现在有一种"跟风"的毛病，很可能就形成一种浪潮。这是一种极不严肃的学术风气，严重阻碍了教育创新的健康发展。

"习惯性保护"之四——"看见了"就等于"看清了"。有些人常常对一种创新的实践吹毛求疵，抓住一点不及其余，看到一点点问题就全盘否定。他们认为"看到了"就等于"看清了"。其实，人们经常可能以偏概全，因为许多人总是不肯用更多的时间进行深入的调研、全面的分析，这使得一些富有价值的创新被轻易地扼杀在摇篮中。

2006 年 4 月 18 日，当时的美国总统布什签署总统行政命令：成立国家数学咨询委员会，研究如何最有效地利用科学研究的成果改进数学的教与学。这个委员会在 2008 年的报告中提出了看法与建议，其中体现了一种精神，就是长期以来，教育研究比较多地限于形而上的哲学层面，我们的教育学和课程论体系成为一种逻辑推演体系，成为一种"象牙塔"内的学问。因此，哪怕是一个看似简单、不证自明的观点，也要经过实证研究来证明。为此，应重点鼓励与支持开展严谨、实证的数学教育科学研究，这很可以为我们所借鉴。

民主与平等的氛围、实事求是的学风，是基于创新的学习与研究的基本要求。没有民主平等的氛围和实事求是的态度，就不可能有观念的碰撞、理念的融合、方法的比较和鉴别，也就不可能消除学习与研究中的思想障碍，减少对旧东西的"习惯性保护"。因此，必须大力倡导民主、平等、求实的学习文化。只有这样，才可能真正推动教育的创新，推动教育的改革与发展。

黛安·拉维奇的"逆转"

美国以市场为导向的教育改革的积极倡导者黛安·拉维奇（Diane Ravitch）在 2010 年 3 月出版了一本新书——《伟大的美国学校系统的死与生：考试与选择是如何腐蚀教育的》。在这本书中，她彻底否定了原来她极力推动的美国教育改革的关键性举措：标准化考试、"不让一个孩子掉队"法案、特许学校、教学责任制等。71 岁的拉维奇说："时不饶人，我不希望在我去世之前未完成自我纠正。"

拉维奇是纽约大学的教育历史学家和教育政策分析专家，曾任老布什的教育部长助理。她因主张以自由市场原理改造中小学教育并积极推动美国一系列的教育改革而闻名。但现在她在书中说，被她称为"流行一时的趋势"正在腐蚀公共教育的根基。她认为：标准化考试从检测学习的途径之一变成了目的本身。"不让一个孩子掉队"法案并未让不达标学校的家长和学生享受到相关福利，还导致应试教育，挤压了非考试科目的教学。平均而言，特许学校在提高学生成绩方面并不比普通学校能力更强，且使公立学校生源和资源外流。教学责任制不仅没有提高学业标准，相反，很多州还通过降低标准来掩人耳目。将教师工资与学生考试分数挂钩是"对教师的迫害"。

这本书的出版可以说是一位资深教育专家的学术倒戈宣言，它在美国引起了轩然大波，对教育政策的制定者产生了巨大的冲击。其实，近年来，这种观念的反复甚至导致政策急剧转变的现象并不少见。布什时代制定的"不让一个孩子掉队"法案实施还不到 10 年，奥巴马最近就提出，将法案中规定的惩罚没有进步的学校，改为奖励取得进步的学校，以弥补美国学生与其他国家学生的差距。日本文部科学省提出，全面纠正"宽松式教育"的教育方针，从 2011 年和 2012 年分别开始实行新的中小学教学标准的学习指导大纲修正案，时隔 40 年，又增加了学生的上课时间和学习内容，以阻止学生学力进一步下滑。而新中国成立以来教育改革多次反复，其对教育事业带来的伤害更使我们刻骨铭心。

但像黛安·拉维奇这样，自己颠覆自己曾经积极倡导和推进并在美国以及世界上产生重要影响的教育理念，却很少见。这也引发了我许多想法。

我敬佩这位学者高度的社会责任感和超人的勇气。她在改革的进程中，不断关注改革方案的实施进展和改革目标的达成，不断通过实践验证，反思改革理念与措施是否背离初衷。终于，当她认为改革的工具理性和价值理性背离的时候，她毅然做出自我否定，宣称改革方向错误。

而我们呢？我们常常这样：只要是自己曾经倡导的，就一定要千方百计证明它是永恒的真理，即使事实证明其错，仍要顽固地坚持，以致人们常说："一实验就成功，一推广就失败。"直至换了新人，才有可能通过新一轮改革来纠正。

由此我更感到教育事业坚持科学发展的重要。教育这个系统确实是由相互关联而又相互制约的诸多因素构成的。有时看起来我们是在针对社会热点问题进行改革，但由于我们对这些问题产生的原因及其相关联的因素缺乏全面的分析，所以只是头疼医头、脚疼医脚，结果是按了葫芦起了瓢，一种倾向掩盖了另一种倾向。一个热点问题缓解的过程，同时成为另一种弊端形成的过程，以致我们的教育政策总是处于不断摇摆和反复之中。

黛安·拉维奇"逆转"后所做的许多判断，虽然可能符合美国的国情，但仔细想来，也不是都有道理，美国也有许多教育专家对此不以为然。其实，改革从来都是新与旧的博弈，对旧的或新的全盘肯定或全盘否定，是许多人在博弈过程中经常采用的手法，而正是这种绝对化的态度，常常中途断送本可以持续下去的改革的生命。改革总是继承和创新的统一，总是一个朝着既定的目标，不断克服发展中的缺点，不断解决前进中的矛盾的过程。因此，不可能一蹴而就。有的人在改革的道路上，一遇问题就刹车，甚至由对旧体制的强烈批判一下子转变为对恢复旧体制的强烈呼唤，这很难说是一种严肃的态度。我们进行任何改革都需要信心、耐心和坚不可摧的决心。显效相对滞后的教育改革尤其如此。

我国教育改革的大潮汹涌澎湃，在未来 10 年的改革征程刚刚起步时，黛安·拉维奇的"逆转"，应该给我们带来许多有益的思考。

新教育的摇篮效应

在"新教育"刚刚起步的时候，我曾经说过，这会引起一场鲶鱼效应，那就是会在教育常规的池水里搅动起一场波澜，现在看不仅是"风乍起，吹皱一池春水"，而且是"惊涛拍岸，卷起千堆雪"。我看，现在的新教育已经发挥了一种"摇篮效应"，在它不断的摇动下，成长起一种新的理念，成长起一个实践体系，成长起一支教改队伍，成长起一批优秀学生。

新教育实验给我们的深刻启示，一是新教育的社会性。新教育的宗旨是要让我们的孩子最终能够真正融入社会，具有强烈的社会责任感、使命感、正义感。二是新教育的人本性。新教育主张为了一切的人，为了人的一切。关注人的生存状态，关注人的发展空间，关注学生、教师、校长、家长以及社会上所有人的发展。而且强调尊重人的个性发展。三是新教育的人文性。教师作为人类灵魂的工程师，首先要使学生成为有灵魂的人。新教育倡导真正关注人类的问题、人类的命运、人类文明的进程、人类文化的发展延续，倡导用人类几千年创造的精神财富浸润学生的心灵，并且让中华文明在我们这一代人的手中更加繁荣。四是新教育的实践性。当前的教育缺少反思，但更缺少的是理性的反思，而最缺少的是反思后所采取的切实的补过和提升的行动。新教育重在实践，重在实验，用具体的可操作的行为，指导教育活动，使教育改革成为看得见、摸得着的事情。五是新教育的激励性。新教育实验引导和鼓励校长和教师超越自我。不消极等待，不怨天尤人。鼓励大家都应该有自己的梦，都应该给自己一种挑战自我的勇气，一种超越自我的精神，在耕耘中赢得收获。

温家宝同志在全国教育工作会议上的讲话中说："要倡导教育家办学。教育的发展有其自身的规律。一个好老师，可以教出一批好孩子；一个好校长，可以成就一所好学校；一批教育家，可以影响国家和民族的未来。我国教育事业要兴旺发达，一个重要条件就是让真正懂得教育的人来办教育。因为他们尊重、敬畏教育的规律和价值。"我们的教育事业在前进中存在着诸多困难和问题，这些困难和问题的产生，其中重要原因之一是我们常常做许多违背教育规律的事。违背教育规律的人，有的出于不懂得教育规律，有的出于不认同教育规律，有的出于以长官意志代替教育规律，有的甚至出于以不正确的政绩观支配下的决策取代教育规律。结果有时造成困难难于克服，问题难以解决。有时造成一种倾向掩盖了另一种倾向；有时造成困难更多，问题更多。我们之所以要尊重规律，是因为教育是有规律可循的，教育规律有的是多种科学研究成果的综合反映，有着复杂的机理；有的其实已经成为常识，人人都能明白。我们许多优秀的教育工作者就是凭着对教育规律的尊重，为许多学生成功的一生奠定了坚实的基础。我们之所以要敬畏规律，是因为违背规律是要受到惩罚的。大到宏观或者中观决策，小到上一节课，处理一件事，帮助一位同学，违背规律常常取得相反的结果，甚至造成全局失误，或者造成终身遗憾。多年来，这样的教训，我们已有很多，苦头也不知吃过多少。我常说，素质教育就是高素质老师进行的教育，我想再补充一句，尊重和敬畏教育规律是高素质老师最重要的条件。正是基于这种理念，我们应当始终不渝地把对规律的把握作为教育改革的前提。

我们对规律的认识总是一个不断完善、不断深化的过程，前人为此做出的努力，为我们积累了丰厚的精神财富。但时代的变迁、社会的进步，使教育事业面临许多新的不适应，产生许多新的困惑，而新的科学研究成果的不断涌现，又引起我们对原有规律的思考。于是对规律把握的过程也就伴随着对规律不断探索的过程。我们面对当前教育的许多困惑，需要探索问题的症结所在。教育研究就是要立足于探索规律，我们现在进行了许多课题研究，也评出了许多奖项，写出了许多论文，但真正立足于探索规律的并不多。特别是对我们面临的许多困惑，往往并不热心于从教育规律上找原因，而是只想采用简单的行政命令办法解决问题，并把这种简单的行政命令称之为教育改革。我想，这是教育改革的悲哀。

我们的时代需要教育家，我们的时代也最有可能产生教育家。回顾人类的历史，在古代，无论是希腊、罗马的教育家苏格拉底、柏拉图、亚里士多德，还是中国的孔子、孟子、荀子；在近代，无论是西方的杜威，还是中国的陶行知，都是产生于社会的转型期。因为在社会转型期，教育的变革往往滞后于社会的变革，于是产生诸多不适应，提出许多需要回答的问题。能够从理论和实践相结合的角度回答其中一两个问题的，我想就是教育家。现在，我国正处于社会转型期，尽管教育事业取得了令世人瞩目的伟大成就，但社会对教育也从未像现在这样存在那么多的不满，提出那么多的问题，从教育的公平、教育的质量到教育的目的、培养的目标，从办学的理念、办学的体制到教育的内容、教育的方法，从内涵发展、特色发展到提高国际化水平，这些问题都要求我们这一代教育工作者从理论与实践结合的角度，用实际的成果和成效来回答。因此，中国现在最需要教育家，也最有可能产生教育家。参与新教育实验的有许多位理论工作者，也有许多位校长和教师，你们多年来积累了丰富的实践经验，又有着深厚的理论功底，特别是有着对教育事业的忠诚和对教育真谛的追求，以一种高度的社会责任感，为探求教育规律，贡献了自己的辛劳与智慧。大家多年来如一日，从不懈怠，永不放弃，这就是教育家的意志，这就是教育家的情怀。教育家是在理论与实践相结合，历史与现实相结合的过程中进行教育创新的人。现在有一种风气，就是科研人员和教研人员只是关起门来做文章，既不深入实际调查研究，又不踏踏实实地进行教育实验，靠东抄抄、西引引就做结论，却希望被人称作教育家。我想，这样的教育家我们少些也罢。新教育始终坚持教育实验，并在实践中取得明显的成效，这才是教育家应走的道路。我们期盼在新教育实验过程中有更多的教育家涌现。

《国家中长期教育改革和发展规划纲要（2010—2020 年）》吹响了中国教育向新的高度进军的号角，我们期待着新教育实验坚持继承和发扬中华民族优秀文化传统，高扬时代发展所需的改革和创新精神，用教育改革实验的新的成就，成为中国先进教育思想的代表，教育改革的指南，新世纪教育成长的摇篮。

呼唤"有效作业"

一位朋友转发了一条短信,可能是一位中学生写的——"君子坦荡荡,小人写作业;商女不知亡国恨,隔江还在写作业;举头望明月,低头写作业;洛阳亲友如相问,就说我在写作业;少壮不努力,老大写作业;垂死病中惊坐起,今天还没写作业;生当为人杰,死亦写作业;人生自古谁无死,来生继续写作业;众里寻他千百度,蓦然回首,那人正在写作业;在天愿作比翼鸟,在地一块写作业。"字里行间透着嘲讽,又含着无奈。学生谈起沉重的作业负担如此辛酸,真应当引起我们的高度关注与深刻反思了。

记得改革开放初期,高考恢复不久,学生课业负担过重的问题就浮出水面。当时教学改革的主攻方向是"精讲多练",努力让学生当堂掌握教学内容。当时围绕"精讲多练"进行了许多探讨,出现了许多成功的教学案例,也涌现了一批名师和以他们为代表的教学法。但后来,"精讲多练"变了味,教师"讲"得不精,但学生课外"练"的负担却越来越重。

近年来,教学研究不断取得新成果。起初,人们关注教学理念的改变,标志性的活动是进行各层级普及课改理念的培训;后来,关注理念在课堂的呈现方式,标志性的活动是研究课。但总体来看,对作业的关注和研究始终没有被提到重要的日程上来。因而学生课外作业负担过重的问题,也始终没有得到很好的解决。

我曾问过一位校长:"你了解过老师都留了什么作业,这些作业是不是都有必要，多数学生要用多长时间完成，作业的效果怎样吗?"校长尴尬地说："我还真没有调查研究过。"

美国《波士顿环球报》2011年9月17日刊登了一篇文章《该不该留家庭作业》，文章说：跟校车和午间休息一样，家庭作业是美国教育必不可少的一个环节。对家庭作业，孩子们有多怕，家长们就有多爱。文章对被教师和家长视为教育"必需品"的作业提出疑问，两名研究者对2.5万名八年级学生的学习进行了调查，发现学生每周多学75分钟数学，该学科成绩平均可提高3%，但其他学科的成绩没有任何改善。研究指出：美国孩子做了至少150年的家庭作业，可家庭作业到底对孩子有什么帮助，仍是一团迷雾。文章最后说，教师不应该只是为了让孩子有事情可做而布置缺乏针对性的作业。我想，我们很缺乏这种研究。

当前学生课外作业负担过重，与我们缺乏对作业的研究有关。我认为，教师留作业存在的主要问题，一是繁杂，各科都布置许多作业，每科教师都觉得自己留得不多，但集中到学生身上，分量很重，有的学校还让学生买很多练习册，其中的很多题都作为课外作业留给学生。二是盲目，留给学生的每一种练习的目的究竟是什么不明确，所留的作业学生究竟要用多少时间完成不清楚，不同的学生需要什么样的有针对性的练习不知道。三是重复，许多练习常常要求学生重复多遍，不少学生做作业就是多次炒冷饭，一遍遍地做无用功。四是死板，许多作业就是背诵、抄写、默写，枯燥无味，学生既不动脑，又不动手，做作业的过程没有增值。

2011年10月初，我去青海参加"两基"国检，在西宁市行知小学，看到他们正在进行一项关于"有效作业"的研究，这使我很振奋。他们拒绝使用社会上编写的各种练习册，各教研组以有效性为原则，反复研讨，精编练习，目前已取得了良好的效果，并在继续进行研究。我从事教育工作这么多年，还很少看见一所学校由校长带领全体教师这么认真地研究作业问题。

最近，我又看到北京奥美学校的部分教师在探讨如何让小学生在课堂上就完成语文和数学作业。他们重倡"精讲多练",将教学要求分解到课堂教学的全过程,讲练结合,从而改变"课上讲、课下练"的传统方式。经过质量监测,学生的学习效果很好。学校负责教师培训的英国教授斯蒂夫提出:"不在于作业做了什么,最重要的是教师怎么对待学生做完的作业。"我想,他的话可以引起我们对作业功能的深思。

"减负"我们喊了多少年,但我们对作业的研究的确很少。我想,"有效作业"研究如果能够普遍展开,应当是一个可喜的开端。

直面"影子教育系统"

推进"减负"以后，课外辅导业的发展越来越引起各界的关注。其实，对课外辅导在整个教育体系中的作用，以及对课外辅导业的看法，国内外一直都存在不同的见解。

有的肯定。比如：澳大利亚《悉尼晨报》2013 年 12 月 7 日报道，世界上大部分有数学天赋的学生都来自课外辅导产业发达的国家。OECD 发布的 PISA2012 结果显示，亚洲国家的课外辅导面非常广，学生参与课外辅导的比例是澳大利亚学生的两倍。中国上海 15 岁学生的数学水平相当于澳大利亚 18 岁学生的数学水平，大约 71% 的城市学生会参加课外数学辅导；而澳大利亚的这一比例只有 27%，明显低于 OECD38% 的平均水平。

有的质疑。比如：欧盟发布的报告说，整个欧洲大陆补习风盛行，虽然各国家长花费的补习费用不尽相同，但父母们拿出越来越多的钱，让孩子在国家规定的教育之外接受额外的教育，却是不争的事实。这样的趋势正在加剧欧洲的不平等，因为富有家庭的孩子更有条件接受额外补习，由此产生的分裂具有长远的社会意义。韩国总统朴槿惠 2013 年 2 月 25 日就职，五月底就出台了《快乐学习·逐梦成长》的新教育政策。该政策强调，教科书编写应使学生爱不释手，能自我阅读学习，不必另找参考书或私人补习。

不管上述看法如何不同，但评价的对照物都是学校教育。所以，许多专家都把课外辅导业看成是"影子教育系统"。

　　几个月前，我参加香港联合国教科文组织协会的活动，见到了最早对课外辅导进行跨国研究的专家马克·贝雷（Mark Bray）教授。1999 年，联合国教科文组织国际教育规划研究所出版了有关课外辅导研究的第一本著作，作者就是马克·贝雷。

　　这次见面，他送给我一本近年出版的书：《直面影子教育系统——课外辅导与政府政策抉择》。我觉得，他的见解还是比较公允的，为我们提供了一个新的认识视角。

　　他认为，用"影子"来比喻课外辅导教育，从以下几方面来看都是贴切的。第一，课外的补充性辅导是因主流教育系统的存在而存在的；第二，课外辅导的规模和模式随主流教育系统的规模和模式的变化而变化；第三，在几乎所有的社会，对主流的关注都远远超过对"影子"的关注；第四，"影子"系统的特征远不如主流系统的特征那般清晰。

　　他认为，课外辅导存在正反两方面的作用。一方面，它可以帮助学生学习，增加他们的人力资本，进而为经济发展做贡献；它具有宝贵的社会功能，为青少年提供与他人交往的机会；它还为辅导教师创造了收入，等等。另一方面，它也可能带来严重的负面影响，如维持或加剧社会与经济的不平等；以心理或教育上的不良方式，控制孩子的生活，占用他们的闲暇时间；在某些情境中，还可能被视为损害社会信任的腐败。这给我们的启示是：我们在审视课外辅导时首先要想到，它是学校这一主流教育的"影子"。主流教育存在，课外辅导就会存在；主流教育的价值取向决定课外辅导的价值取向；主流教育追求的目标决定课外辅导追求的目标。因此，应当把课外辅导看成教育体系的一个补充部分，它会随主流教育的改变而改变；如果主流教育不改，单纯要求课外辅导具有理念的超前性，会有一定的难度。

　　对于政府应持有的态度，马克·贝雷认为，在大多数国家，积极与消极特征的并存创造出一幅复杂的图景，很少有社会拥有完善的机制应对这些问题。许多决策者和规划者都避开这一艰难的抉择，把它留给市场去支配。这种自由放任的做法颇成问题。我国的课外补充性辅导的现象不仅是存在的，而且影响重大。因此，关注它的发展已刻不容缓。

应当鼓励课外辅导教育健康发展，使之成为社会主义教育体系的有机补充部分。

应当引导课外辅导教育的发展方向，使之顺应"减负"要求，为服务对象制定合理的时间安排和辅导方案，并通过改进教育方法，提高效益效能。

应当倡导课外辅导业建设良好的文化环境，激发学生学习的积极性和主动性，形成快乐活泼轻松的学习氛围；要线上线下相结合，提高个性化服务水平。

应当要求课外辅导业依法办学，遵守教育行政部门的相关规定，包括公办学校如何介入课外辅导教育的规定。公平竞争，以质量求生存，以创新求发展，积极参与公益活动，提高本行业的社会声誉。

课外辅导如影随形，我们的态度不应是千方百计去掉"影子"，而应是着力推进主流教育改革，从而影响与规范课外辅导业的发展，开发其巨大潜力，使之与主流教育相辅相成。

坐看云起时

　　"行到水穷处，坐看云起时"是唐代诗人王维留下的千古名句。在"云时代"来临之际，我们恰好处在"云起时"，只不过不同的人看的角度不一定相同罢了。

　　互联网时代的来临对教育的冲击呈风起云涌之势，各国纷纷探讨应对策略。美国总统奥巴马在2014年国情咨文演讲中说："我呼吁在未来四年里实现99%的学校能够接入宽带。今天我宣布，我们已经获得了联邦通讯委员会和像苹果、微软、斯普林特、威瑞森电信等公司的支持，在不增加一分钱财政赤字的情况下，在未来两年内让15000余所学校和2000多万学生用上宽带。"韩国提出："国民中学英语、科学、社会三科将使用电子教科书。"日本通讯部已于2010年10月开始在小学实施电子课本试用计划，为实验学校的每个学生配备一台平板电脑，同时在教室安装互动式黑板。这一计划的目标是：到2015年，为日本每个中小学生配备电子课本。如果成功的话，那么，日本的中小学教育模式将会发生前所未有的变革。法国在《共和国学校重建导向与规划法》中特别提出，让教师、学生和家长能够轻松地在网络上找到自己需要的教育资源和软件……

　　就连经济合作与发展组织（OECD）进行的PISA测试，也在2012年增加了基于计算机的问题解决的测评。在有65个国家（地区）参加的PISA2012数学、阅读和科学领域的测评中，上海获得三个领域的第一。此次测试还随机抽取了约 1/3 的学生，参加了 OECD 首次尝试的用计算机的方式进行问题解决的测评（共涉及 44 个国家或地区，2372 名上海学生被随机抽取参加测试）；上海的成绩稍逊于新加坡、韩国、日本，以及中国澳门和中国香港。

现在，我国许多地区和学校也在积极进行相关的探索。除高等教育的慕课（MOOC）纷纷亮相、培训教育的投资方向大幅度转向线上教育之外，基础教育进行的相关实验也成为推进教育现代化的首选内容。

在云起之时，有关教育信息化的争论也随之而起。其焦点有三：一是"引发"与"引领"之争，二是工具与模式之争，三是利与弊大小之争。

线上教育进入学校究竟可能"引发"教育的变革，还是已经"引领"了教育的变革？有人认为，时不我待，信息化将"引领"教育改革；但也有人认为，教育改革的关键不在于信息技术的应用，而在于教育观念的转变。仅以 PISA2012 基于计算机的问题解决的测评结果为例，上海存在的问题之一是学生解决静态问题比解决互动问题好，获取知识比运用知识好。这实际上反映了我国教育思想存在的问题。美国《华尔街日报》网站 2014 年 7 月 11 日的报道也认为，中国教育信息化步伐迟缓的一个原因在于中国的教育制度。中国教育重视考试，因此，对互动学习的需求远不及美国。这样看来，信息化只能成为改革的催化剂。

信息技术的应用是像比尔·盖茨预言的那样，将最终改变学校教育的模式直至形态，还是最终只能成为一种辅助工具？有人认为，信息技术的应用正在促使教育模式甚至教育形态的改变。如翻转课堂的实验，"微课"的快速发展，学习分析的应用，"游戏化学习"的产生，特别是慕课的爆发等，都预示着学校教育将发生根本性的变革。但也有人认为，ICT（信息、通信和技术）与网络教育给教育带来了巨大的空间和机会，但它仍然属于 CAI（计算机辅助教学），并不能完全取代已有的教育教学模式和教学方法。

教育信息化究竟利大，还是弊大？大家的看法也不尽一致。有人强调它有助于自主学习、及时反馈、有效指导、交流互动、资源共享、培养创新性思维、加快学生社会化进程。但也有人指出，已有实践证明，信息化会影响学生的视力健康、人际交流、社会实践、完整阅读，进而延缓学生的社会化进程。英国讲师协会近期向公众提出警告，长期沉迷 iPad 等智能电子产品，甚至会导致多数婴幼儿不会拼积木；众多儿童因此严重缺乏最基本的动手能力和社交能力；同时，使用通过屏幕来获取知识的高科技产品，还会严重影响孩子的记忆力。我国卫生部第四次儿童体格发育调查显示，超重和肥胖发生率以 9%～10% 的速度快速增长；在并不遥远的未来，网络新生代将变成网络肥胖一代。

于是，我又想起了另一位唐代诗人贾岛的名句："松下问童子，言师采药去，只在此山中，云深不知处。"在"云时代"来临时，大家有些"云深不知处"的感叹也很自然。

我想，教育信息化的潮流不可阻挡。我们要用发展来解决发展中的问题；应当从理念、技术、方法层面，逐步研究、探索，解决已有的问题，兴利除弊。总之，我们应当牢记习近平同志所指出的"我们必须增强忧患意识，紧紧抓住和用好新一轮科技革命和产业变革的机遇，不能等待、不能观望、不能懈怠。"

谈当前教育改革的几个问题

（一）办知行统一的真教育

陶行知先生的名字从"知行"改为"行知"，体现了他的哲学思想从王阳明的"知是行之始，行是知之成"到他的"行是知之始，知是行之成"的主张的转变，也是他始终遵循的要做真人的人格的体现。我想，我们今天应该学习陶行知先生的教诲有很多很多，但首先就要学他的知行观和做真人，因为，这对今天的教育改革仍然有着极为现实的指导意义。

我国教育改革和发展在取得巨大成就的同时，也面临许多新的挑战。十八大为我国实现伟大的中国梦勾画了宏伟的蓝图，教育改革和发展规划纲要确立了到 2020 年的具体目标。在深化教育综合改革的道路上，我们必须坚持知与行统一，防止知与行的脱节。在教育改革的进程中，有四种脱节的现象值得重视。

一是理念与政策脱节。部分地区的领导同志，在各种会议的报告中所阐述的理念，听起来是和中央保持一致的，但所制定的具体政策则并不一定和其所说的相符。比如，都在口口声声强调简政放权，给学校更多的办学自主权，但机构并没见减少，会议仍不断增多，文件不少发，检查更频繁。结果学校的负责人穷于应付，不能集中精力用于研究学校教育教学工作。

二是目标与评估脱节。有些地区所确立的教育目标听起来是正确的，既符合教育方针，又符合教育规律。但其评估标准和评估方式和奖惩办法，则是另立一套。比如，口头上讲要端正办学指导思想，面向全体学生，促进学生全面发展，但实际上评价学校和教师仍用的是高考升学率和考试的成绩排队，只看一点，不及其余。结果造成学校压力大，学生负担重，全面发展成为空谈。

三是"热点"与重点脱节。"热点"问题常常是社会广泛关注的问题，当然应该予以重视。但形成社会热点的原因是多样的，有的确实是社会的重大问题，有的也可能是一时的问题；有的是根本问题，有的也可能是表面现象；有的是突发事件引发的问题，也有的是名人名家言行的强烈反响。总之，是在传统媒体或新媒体以及其他有话语机会人群的呼吁中形成的。但也有不少教育事业发展的重点问题，由于没有以上所述的机会，并不一定能够形成热点，往往会被不同程度地忽视，甚至长期难以解决。比如，贫困农村地区义务教育学校办学条件问题，至今，仍然做不到校校无危房，人人有课桌椅，至于班额过大，寄宿生一床多人等问题，对于有些地区来说，连解决的方案还没有。这些义务教育尚存的温饱问题，其实是我国教育的重大问题，但因很难形成热点而难于引起高度关注和切实解决。

四是展示与常态脱节。我们现在以加强多种检查与督导的方式来推动各项工作的落实。但能够看到真实情况并不容易。因为一方面督导检查由于时间和条件所限，常常只能走马观花，另一方面基层迎检已有经验，会根据检查和督导要求事先进行安排，尽可能展示好的一面。当然，有时还会加上双方的默契而心照不宣。就拿研究课和眼下一度流行的"赛课"来说，经过多人协助，经过多日准备，可以展示得很精彩，也可以得到专家的好评，不能说没有一点作用。有些学校为了学校的荣誉，对"赛课"之类的观摩教学的重视远远胜过对常态教学改进的重视。但总体来看，这种脱离常态的研究，对常态课的改进并没有产生多大影响，我国课堂教学的新常态并未真正形成。

近日，澳大利亚教育研究委员会首席执行官基弗·马斯特斯在题为《学校改革真正起作用了吗》的文章中指出：学校改革与提高学生成绩水平是当前全世界各国政府的优先任务。尽管不是所有国家都用相同的方法来应对这些挑战。但在大量英语国家，尤其是美国、英国、新西兰和澳大利亚，在过去20年里，其学校改革包含许多共同的改革策略。比如，设定明确目标，引入绩效评估，扩大学校自主权，强化问责制度。尽管各国有以上的改革努力，但问题是，在这些宏观改革实施期间，学生成绩很少或没有提高。马斯特斯认为：部分原因在于没有关注用什么样的机制，来确保以上宏观改革战略改变日常的课堂教学与学校领导实践。

西方国家改革中顶层设计与微观实践的脱节给我们带来了启示，那就是，办教育就要坚持知与行的统一，理论与实践的统一，这样的教育才是真教育，我想，陶行知先生有知，也一定在告诫和期待着我们。

（二）告别排浪式的教育改革

一位地区教育行政部门的负责同志对我说，她在广西党校学习时，曾到百色市田东县农村去参加实践活动，亲身感受到农村小学办学条件的困难，尤其是教师的数量和水平存在不少问题。因为许多从农村考入高等师范院校的学生，他们上大学就是为了跳出农门，所以毕业后都不愿意回到农村去。她说，她要请我向有关方面转达一位70多岁的老人托她转达的意见。这位老人是68届广西民族大学毕业的学生，毕业后回到农村教书，后来曾经当过县师范学校的副校长。这位老人认为，当初一刀切地将中等师范学校砍掉，过急过快，没有考虑到农村的实际情况，这是造成现在农村教师队伍窘境的一个重要原因。

取消中师，代之以高等学校毕业生到小学任教师是为了提高师资水平，这本是好事。但农村地区特别是贫困地区和发达地区不同，原来中师毕业生的培养目标就是到农村去，可以保证农村的师资来源，后来形成县县取消中师的热潮，却造成近年来农村合格师资的持续短缺。

由此，我想到消费趋势的变化，在解决温饱问题的阶段，模仿型排浪式曾经是消费方式的主流，现在进入小康阶段，这种消费方式将逐渐被多样化、个性化的消费取代。教育改革仿佛也曾有过这种模仿型和排浪式的改革，现在大概也到了应当突出从不同地区、不同群体的实际出发，让多样化，个性化成为改革的重要原则的时候了。

教育当然不完全等同于一般消费，改革常常会从模仿开始，也需要在有力的推动下，激发起广大群众的改革热情，将改革目标化为改革的实践，掀起一股汹涌的潮流。但是，当改革脱离实际变成排浪式推进的时候，则往往会违背初衷，产生不良的后果，从而不得不成为下一次改革的目标。

这种排浪式改革实际也是一个时代的产物，它的动因来自不同方面。

有的来自"一刀切"的决策惯性。除了法律法规有着规范一切社会活动的准绳作用外，其他决策应当因地制宜，因时制宜，不能简单地采取一人有病，大家吃药。我们曾经通过行政手段，推行过农村布局调整，撤点并校一时成为风潮。结果造成部分地区学生上学困难，于是，又用行政手段严格控制，无论条件是否许可，形成新的恢复教学点的风潮。我们曾经在推进示范性高中建设时，推进初高中剥离，并且允许剥离后的初中进行国有民办的改制，于是掀起了改制风潮，后来有些部门认为这会造成国有资产流失，于是不论试验成功与否，又用行政命令一概收回，掀起了收归公办的风潮。

有的来自对教育规律的缺乏尊重。我国教育改革当然应当借鉴国外，包括西方国家的成功经验，不应盲目固守传统教育方式，但应当坚持中西融合，洋为中用的原则。不要一时将探究式教学，作为最好的教学模式，纷纷效仿，又因个别地区 PISA 成绩不错，某些国家对我国传统教学方式有所肯定，而故步自封。在推进课改的过程中，加强研究无疑必要，但随后这种研究变成了"赛课"，随即掀起了一股"赛课热"，由于不仅关系到学校和教师的荣誉也关系到举办者的利益，部分学校对"赛课"的兴趣远远高于对常态课的重视。

有的来自教育消费的从众心理。当有的家长将孩子送去学外语的时候，不少家长觉得不送会影响孩子未来的发展，于是在学前教育中掀起了"双语教育"的风潮，后来作为对其某些不良效果的抵制，又掀起了国学教育热。其实双语教育和国学教育作为一项教育内容本非绝对不可，但是一经成风，则就容易异化。最为典型的就是"奥数"，它本是一种适合某些学生的很好的思维训练方式，但变成学校选拔学生的重要依据后，家长都要送孩子去学"奥数"，"奥数热"兴起了，但最终又形成批判"奥数"的热潮。

这种排浪式的改革，是我们教育改革走向成熟难以逾越的过程，但应当认真反思，总结经验教训，切实改变决策惯性，尊重教育规律，引导大众心理，以使我们的改革，更加符合全面建设小康社会，建设社会主义强国，实现中国梦的需要。我想，从实际出发，注重实效，不用简单的行政命令，不一刀切，注重不同地区和群体的多样化和个性化需求，应当是一个大国教育改革应有的态度、气度和风度。

（三）呼唤管理流程重构

一位校长对我说，最近上级来校检查我的听课笔记，我很愧疚，但又很无奈，因为我从早到晚都在忙碌，但就是没有多少时间走进教室，没有多少时间能真正用来研究教学和教学改革。这恐怕不是一位校长的个别感受。在各级领导简政放权的激昂慷慨的声音中，学校的自主环境并未真正宽松，自主精神并未真正得到加强，这确实值得关注。

同样，教师们也有类似的感受。有的老师说，现在的学校管理和教学改革不断有新的提法，新的招数，结果总是在提出新要求，听取新汇报，进行新总结，接受新检查，如果，换一位新的领导，则又开始新一轮更新加码。学校工作永远是加法，永远穷于应付。

部分地区存在的这种教育生态以及由此萌生的校长和教师的职业倦怠，确实到了应该给以足够关注的时候了。因此，只是一般性的谈简政放权，已经难以改变现有的管理思维和缓解现有的管理方式带来的困扰。治理体系和治理能力的现代化是一个艰苦的甚至痛苦的改革过程，必须有实实在在的体制、制度和措施的变革来保证。因此，重新审视现有的管理流程，并且下决心进行流程重构，就成为当务之急。

回顾近 30 年来我国教育前进的历程，教育管理部门为教育事业的改革与发展做出了重大贡献，但也不能不看到在这一过程中管理机构增设之多，管理人员增加之多成为当前产生教育管理问题的重要原因。再加上其他行政部门从各自职责出发对教育部门管理的介入，使得对学校的多头领导成为常态。于是文件多，会议多，评比多，检查多，同时，各部门对学校要求之间交叉多，矛盾多，掣肘多，制约多，造成学校常处于一种被动与困惑的状态。

因此，首先要进行机构精简。要统计一下在学校以上有多少管理学校的部门，其中教育管理部门包括行政部门和业务部门共有多少人，另有多少是从学校借调的，总管理人员数与一线的人数比是多少。然后认真分析可以精简合并的机构、部门与人员数。上面头绪多，对领导部门和领导者也有绩效考核，于是就对下面布置了许多任务，上面千条线，下面一根针，上面越积极，下面就越忙乱，最终无法将主要精力用于学校内部的改革，甚至会将这种压力转嫁于教师。当然，根据以往经验，前提是职能转变，历次精简由于只减机构、人员而没有简政，所以最后越精简机构越庞大，人员数越多。

其次要摆正政校关系。说到简政，现在把明确政府权力清单和学校负面清单作为抓手，无疑是十分正确的。即明确政府应当管什么，不管就是失职，多管就是越权。同时明确学校不许做什么，做了就是违法违规，除此以外都在允许之列。这样，政校关系十分清楚，学校也就可以真正在依法治教的前提下发挥创造性，自主办学了。不过，这两项清单的开出并不容易，因为这不仅牵扯到传统管理惯性的改变，也牵扯到既得权力甚至利益的调整。有一位教育局长对我说，权力清单的最后，总要有一句"领导交办的其他事项"，这样，清单又变成无边界了。

然后要重构管理流程。传统管理常常是让基层服务于管理者，而非管理者服务于基层，现在的确应当多为基层想一想。因此，要切实精简会议，不仅应当规定无会议日，最好规定会议日，无特殊情况不得在会议日外随意召开会议，并且尽可能采用电视或电话会议。要建立统一的评价体系，现在很多部门将科研式的评价方式用于经常性评价，结果评价体系出自多门，评价指标重复繁琐，从而检查和评估也就出自多门，重复繁琐。各部门都害怕本部门工作不被重视，纷纷出台评估指标体系和评估办法，纷纷进学校检查，致使学校应接不暇。再有要以精益管理理念重构管理流程，听取基层意见，找出完全不必要的管理环节，果断地将其革除，通过管理化繁为简，使效益最大化。

最后要明确有限责任。现在学校几乎处于承担无限责任的状态，一有事故，无论出事原因，常常都归咎于学校，首先是校长。当然，学校特别是校长应当努力维护学校的正常秩序，加强安全教育和建立各种事故的防范预案。但应当明确责任边界，事故发生后，应当依法处理，学校和校长也应当在依法办学的过程中学会依法维权。

对学校管理的流程重构，必将引导学校内部管理的流程再造，这样，使教师也在精益管理的氛围中，能将主要精力真正用于提高教育教学水平。

意识形态与人格培养

2015 年 1 月 27 日，英国教育大臣妮基·摩根发表演讲，强调推动"英国核心价值"是教育的重中之重。她说："所有学校都应该像提升学术标准一样，提升英国的基本价值观，让每个孩子都懂得，英国价值观与学习数学、英语同样重要。"

其实，不只是英国，在学生心中树立对本国核心价值观的自信几乎是各国学校教育的首要任务。如韩国强调"要将更多的品德教育融入各科教学中，培养学生重要的价值观与态度"。新加坡强调"让教育系统变得更加以学生为中心，更加关注全面教育，更加强调价值观和品格发展"。新西兰教育部颁布的 2007 年课程草案提出，"必须将基础价值观教育融入学校各门课程的教学当中"。

各国倡导的价值观不一定相同，甚至可能相抵触。从 2016 年起，美国 SAT 考试的考题中将包含美国建国文献的相关内容，其中包括《美国宪法》和《人权法案》，以及与其相关的深度阅读材料。对此，香港《南华早报》2014 年 8 月 20 日载文指出："SAT 考试的变化将每年影响数十万中国学生的观点、信仰和意识形态。"

多元价值观对青少年成长的负面作用不可低估。它会影响青年一代对中国特色社会主义的道路自信、理论自信、制度自信，以及文化自信；影响社会主义核心价值观真正成为社会主流的道德标准。因此，中共十八大再次强调，"立德树人"是教育的根本任务。这应该成为我们推进教育改革和发展的坚定不移的方向。

育人为本是教育改革和发展的重要原则。有的同志认为，体现人的生命意义、促进学生的人格发展是教育的本原，因此，教育不应受意识形态的干扰，否则容易导致功利化。我认为，这种去意识形态化的见解本身实际上就是一种意识形态、一种价值取向。意识形态说到底是世界观、人生观、价值观，其核心是信仰，是信念。世界上没有无缘无故的爱和恨，也没有无标准的对与错，认为培养人格不应受意识形态的干扰，这种观点本身就是一种意识形态。学生的人格体现为对真伪、善恶、美丑的价值判断和行为取向，而学生在涵养自身分辨真伪、善恶、美丑的能力的时候，就是在选择价值取向，就是在形成世界观、人生观和价值观，因此，不可能脱离意识形态。现在是意识形态多元化的时代，那些混淆甚至颠倒真伪、善恶、美丑的人，那些将自身的价值观标榜为普世价值，甚至以文化霸权主义来达到政治目的的人，都在影响着年轻一代的人格发展和生命意义。所以，强化意识形态的作用、突出社会主义核心价值观的主导地位，无疑是提高我国国民素养的关键，是体现个体生命意义的基础。

当然，意识形态是贯穿于全部教育教学活动之中的，因此，我们不应采取生硬地灌输和枯燥地说教的办法。现在，学校德育虽然有很大进展，但在实际工作中，意识形态工作却有所淡化。因此，以下两方面的问题应引起我们的特别关注——

一是越是思想活跃，越要旗帜鲜明。我们应该重视对学生批判性思维的培养，只有这样，思想才能活跃起来。批判性思维是指学生对于所学的知识和所遇到的问题，都要问一个为什么，都要换一个角度，看是否有更多、更好的解决办法。但是，批判性思维最终还是为了通过比较、鉴别，得到真理性认识。因此，一般来说，教师在教学活动中，在意识形态、价值取向问题上，不应止于多元，而应像刘延东同志指出的那样，"在多元中立主导，在多样中谋共识"。

二是内化于心，外化于行。我们习惯于倡导什么就将什么列入课程、编入教材中，然后讲授、考试、评价。这样做忽视了青少年的特点，也忽视了社会媒介的影响。一方面，言行脱节，将活泼生动的道德教育，变成了应试德育；另一方面，如有些同志所言，"得之于庙堂，失之于江湖"。所以，学校和教师要切实将正确的信仰和坚定的信念贯穿于自身的言行之中，并以青少年喜爱的形式进行传播和示范；同时，要认真汲取正能量，警惕来自社会的某些负面影响，努力提升价值观教育的质量和水平。

西方曾经流行过价值相对主义。它认为，个人是道德价值标准的创造者和评判者，不存在凌驾于个体之上的价值标准；学校没有责任、没有必要对个体施加价值观影响。现在，西方很多国家都已经放弃了这种理论，我们千万不要让它在我们的学校里若隐若现，忽隐忽现。

西学·伴随困惑的自豪

走出"二元体系"的困惑

前些日子，我去日本开会，和日本朋友谈起教育的现状。他们说，现在日本的教育实际上已经形成了着眼于学生发展的学校教育和着眼于学生升学的校外教育两个并存的体系。这种"二元体系"的存在，使得文部省提出的教育改革目标并没有取得预期的效果。

一位高中毕业班学生的家长告诉我，他的孩子在一所国立高中读书，学校推行宽松教育，课程进行了改革，重视学生参加实践，学生社团活动十分活跃，学校教育已经摆脱了一切为了升学的局面。但由于高等学校的招生考试并没有多大变化，升学辅导的任务只得由校内转到了校外。学生如果准备考大学必须要上补习学校，不上补习学校是很难考上大学的，所以90%以上的学生都要进补习学校。补习学校是独立设置的，有些补习学校为了通过提高升学率来提高社会声誉，规定学生入学也要经过考试选拔。这些补习学校除了对毕业年级学生进行补习外，还对从小学起的各年级各学科的知识进行补习。补习学校有的叫"学塾"，有的叫"学院"，其中有些如"河合塾""骏台塾""代代木"等已成为补习学校的知名品牌，并且在全国连锁经营。这位家长说，他的孩子读国立高中每年大约缴十二三万日元，但到了高三连平时寒暑假的全科补习，一年需要花费一百五十万日元。家长不堪经济重负，学生不堪学业重负。因为补习学校的教师辅导高考有经验，所以东京都有的国立高中也要请补习学校的教师到校为学生进行辅导。

日本的情况说明，即使学校推进了着力于提高学生素质的宽松教育，学生也逃脱不了"应试教育"的折磨。教育最终形成了相互对立的"二元体系"。究其原因，在于他们的教育改革初衷，没有能真正贯彻到教育的各个环节中去，没有成为协调发展的系统工程。

当教育改革的目标确立之后，有三个环节是至关重要的。

一是服务于改革目标的课程体系的建立。课程体系是教育思想的集中体现，课程改革的理念体现了这个国家经济和社会发展以及人的发展的价值取向，体现了这个国家的教育方针，体现了对原有教育传统的批判与继承，体现了时代特征。从某种意义上讲，一个国家的学校教育功能主要是通过课程来实现的。建立新的课程体系，就是实现教育思想、教育内容、教育方法、教育技术的系列的变革。

二是服务于改革目标的教师队伍的建设。教师是教育活动的组织者，教师的教育理念以及由此决定的教育方法，教师把握教学内容和驾驭教育进程的能力，决定着改革的成败。因此，无论是培养教师的师范教育，还是提高在职教师的继续教育，都必须围绕着推动新的课程体系的实施进行。

三是服务于改革目标的评价体系的落实。评价既是激励改革的动力，又是校正方向的准绳。在高一级学校的新生需要选拔的时候，它又是选拔的工具。因此，从某种意义上讲，教育改革的指挥棒握在教育评价手中。问题在于评价体系的激励功能、校正功能和选拔功能必须统一，绝不能评价改革时是一套标准、一套办法，进行选拔时又是另一套标准、另一套办法。

教育改革有了这三个环节，就像是一辆三驾马车。如果三匹马都朝着一个方向用力，车就能快速前进；如果各奔东西，车就会止步不前。日本正是由于三驾马车没有形成合力，最终使教育陷入"二元体系"的困境。

最近，北京的一些校长和教师跟我谈起教育工作时，也同样感到有些困惑。他们说，学校内部的教育改革正在推进，多数教师对实施素质教育的必要性有了共识，但在课程改革的实践中，观念的改变十分艰苦，而师范院校培养的新教师又不甚适应当前的课程改革。特别是中高考的内容和方式与课程改革的理念还有相当距离，为了应付中考和高考，学校又不得不提出一些要求，另行安排一系列措施，其中有些也明知道不符合素质教育的原则。

与此同时，校外的升学辅导和补习业也正在蓬勃发展。有免费的补习学校和补习班，有以函授为主的网校，有为毕业生准备的复读班，也有从小学到高中各年级的同步辅导班。应当说，这些补习和辅导中有相当一部分不同程度地存在着违背素质教育原则的片面性，有些甚至十分严重。

有些同志感到，我们实际上也已经开始出现两种体系并存的现象，和日本暂时不同的是这两种体系既同时存在于校外，也同时存在于校内。两根指挥棒都在起作用。

有的同志还说，现在是素质教育搞得热热闹闹，"应试教育"搞得扎扎实实，甚至于实施素质教育的经验，也必须经过中考、高考的成绩验证，才能得到承认。因此，虽然有两根指挥棒，但还是一根软，一根硬。

这使我想到，我们的教育改革一定要汲取日本的经验和教训。课程改革、教师培训和招生考试是为了同一目标的三件大事，必须统筹协调。如果各讲各的理、各唱各的调，不仅改革难以取得成效，到头来还会亏了国家、苦了学生。

我想，我们的各级领导，各个学校都必须增强统筹意识，努力使各个环节形成合力，必须把功夫下在协调发展而不是各自为战上。三驾马车齐心协力，朝着同一方向奋进，才有可能使我们的教育事业走出"二元体系"的困惑。

莫使教育责任边缘化

一位朋友的孩子在英国读中学。他说学校每周都组织学生进行野外的负重行走，学生要背 30 公斤的行李，如果不够重量要用砖头或者石头补足。选择的路线经常是没有人走过的，路上布满荆棘树丛。听他一说，在座的教育界同行几乎异口同声地问：如果学生受了伤，谁负责？

这使我想起几年前的一件事。我和一些学校的领导在日本进行考察，参观了一所名叫"白金"的幼儿园，这是文部省支持的实验幼儿园。由于担心日本的民族精神正在孩子们的身上淡化甚至丧失，因此这所幼儿园进行着一项强化孩子勇敢、坚强精神的实验。我们进到园里，孩子们正在自由活动。有的孩子拿着木棒笑着向我们冲过来，要和我们打斗；有的孩子在沙坑里用水和泥，堆砌自己的"建筑物"；有的小女孩跑着跃过跳箱；有的小男孩下楼不走楼梯，从扶手上滑下来。我们在对这种近乎宣扬"武士道"精神的做法不以为然的同时，也几乎异口同声地问：如果孩子受了伤，谁负责？

教育工作者，特别是校长的责任意识、安全意识的增强是教育事业健康发展的重要保证。每年都会发生一些重大的安全责任事故，造成孩子的伤亡，令人痛心。强化责任意识，对渎职者给予严惩，给受害者予以赔偿理所当然。没有安全就谈不上教育。因此，教育工作者的这种责任感还必须进一步增强。

但是，现在也出现了另一种现象。校长深知如果在校内出现了安全问题，责任重大，赔偿纠纷可能久拖而难以解决。于是，一些地区和学校做出了许多防止在校内或由学校组织的校外活动中出现事故的决定。比如，有的学校减少甚至取消了春游、秋游、参观、考察，以及夏令营和冬令营；有的学校关闭了校内的小卖部，以防止学生吃了小卖部的东西食物中毒；有的学校把学生下午进校的时间推得很迟，中午学生不得在校内停留，以防在此期间学生打闹发生事故；还有的学校的体育课取消了一些规定应当进行，但有一定难度，可能发生受伤情况的动作的练习；等等。

我想，减少在学校发生安全事故的可能，并不等于学生就有了安全。学校取消小卖部以后，学生跑到校外的摊点上去买东西吃，卫生更没有保障。中午不许学生进校，部分学生就在街头游荡，更容易发生事故。学校可以不承担安全责任，但并不意味学生就获得了安全。

据有关媒体报道，北京、天津、上海和重庆四个直辖市，仅去年，中小学生发生的自行车交通事故就达 1.2 万起，受伤的有 5 000 多人。这些都发生在校外。没有人会追究学校的直接责任，但学校就没有教育责任吗？所以，当我们把学校的安全责任绝对化，或者规定得不合理的时候，学校就往往会自觉或不自觉地把教育的责任推向边缘。

我又想到，把许多相关因素对立起来，并加以绝对化、简单化，非此即彼，从而造成问题不断出现反复，常常是教育界的通病。要提倡参加社会实践，就鼓励学生多走出去；要强调安全，就要学校少组织校外活动。要倡导奥运精神，就要求学生不畏艰险，更快、更高、更强；要强调安全，就又把该进行的锻炼项目弱化。有的甚至把培养下一代见义勇为的精神和增强他们的自我保护能力也对立起来，说什么为了保护孩子的安全，不再提倡青少年见义勇为了。

这不仅使我想到在企业界流传的穿越玉米地的故事。我们的事业如同进行一场穿越玉米地的比赛，这项比赛要求，看谁穿越玉米地用的时间最短，看谁在穿越过程中掰下的玉米最多，还要看谁在穿越时被玉米叶划破的伤口最少。总之，获胜者必须是兼顾速度、效益和安全的人。

　　教育事业需要树立整体优化思想，在采取一系列措施使学校把安全责任放在中心位置的同时，千万莫使学校把教育的责任边缘化。

在学会合作中张扬个性

前些日子，我参观一所名校。在校园的墙上，在走廊的两侧，悬挂着一幅幅精美的学生绘画作品，这些绘画展示着孩子们的才华，也体现着校园浓浓的文化氛围。在深感兴奋的同时，我想起大约 20 年前的一件往事，并由此产生了许多联想。

当年，我和部分教育界的同仁作为中国初等教育代表团的成员去考察美国的小学教育。由于当时刚刚改革开放，所以，我们确定的考察重点是美国小学如何培养学生在商品经济条件下的竞争能力。每参观一所学校，我们总要问校长这个问题："你们是怎样培养学生的竞争能力的？"出乎我们意料的是，许多美国校长竟然回答不上来。这使我们深感不解，一个竞争这样激烈的国家的校长竟然答不出这样基本的问题。后来，在纽约的银行街学校，校长听了我们的问题后，想了一想，对我们说："我们教育他们学会合作，因为会合作是在竞争中最重要的能力。"听了之后，有的代表团成员先是茫然，后是恍然，原来，我们对竞争能力竟然有着那样不同的理解。

后来，去德国考察职业教育，德国以"双元制"为主体的职业教育的重要任务是对学生"关键能力"的培养。而作为培养目标的五项"关键能力"之一，就是合作能力。他们认为，现在无论完成何种任务，离开合作，几乎都是不可能的，所以，必须使每个学生学会合作。

由此我想到，我们的教育改革，正处于从过去只重视对学生共性要求向重视学生个性发展的转变过程之中，这是以人为本的体现，是一个了不起的进步。但什么是发展学生个性，发展什么个性，怎样发展个性，却仍有许多值得研究的问题。

我国一位在法国著名乐团担任首席大提琴的音乐家曾经说过，如果从北京挑五位学提琴的学生，每位单独进行演奏，常常比巴黎挑出的五位学生水平高，但是，如果让五位学生合奏，则巴黎学生经常会比我们的学生和谐得多。他说，他们的教育很重视人与人之间的和谐。

这位艺术家的看法，不仅切中我们的音乐教育存在的问题，也切中整个教育存在的问题。

我们在鼓励学生张扬个性的时候，比较重视的是对每个学生的个人能力的展示，当然，这已经是很大的进步了。但由于我们往往只重视创设学生个体相互间竞争的平台，从而造成学生之间只有相互超越的关系，而缺乏相互合作的意识，甚至肤浅地认为竞争就是个人的排他过程。从班级的分数排队，到各项竞赛排名次，几乎都是如此。即使是在学生进行的物理、化学、生物实验中，我们追求的也只是创造条件，由八人一组变为四人一组，由四人一组变为两人一组，最好是一人一组单独进行。我们对学生作业的基本要求，也是必须独立完成。应该说，其中有些做法是必要的，但很显然，只这样做是绝对不够的。

还是在那所银行街学校，校长介绍，为了培养学生的合作能力，教师经常设计一些作业，学生必须合作才能完成。教师还专门设计一些只有合作才能完成的理化试验。在德国的一所工厂里，我们看到一个学生小组正在一起讨论制造一个部件的设计方案，并研究每个学生在制造过程中的分工。完成任务后，他们还要对学生的表现，其中包括合作意识和合作能力进行评估。

很高兴在课程改革中，我们开始倡导合作学习，我想，学会合作不能只是停留在安排一些合作学习活动上。在我们实现社会主义现代化的进程中，在每个公民健全人格形成的过程中，合作作为一种时代精神和基础能力十分重要，而针对我国的情况，培养这种精神和能力更具有深刻的现实意义。因此，学会合作是当代学校的一个重要教育目标，是科学发展观的深刻体现，应当作为一种理念印在教育者的心头，渗透在全部的教育过程中。

于是，我不禁又想起二十年前在美国和后来在其他一些国家和地区看到的挂在校园里的图画，除了个人作品之外，有许多是集体创作的。有的画面是一棵大树，树干是画的，而树叶是每个孩子用自己的小手沾上绿色，按上的手印组成的。有的画面是一条彩色的道路，这是孩子们用自己的手，各自沾上不同的颜色按上手印汇集而成的。这些作品往往被放在学校最醒目的位置，孩子们指着它自豪地说："这是我们的创作。"透过这些稚嫩的作品，我深深地感悟到它的伟大教育价值。

我想，我们的孩子如果不仅懂得以创造"我"的成绩自豪，更懂得以创造"我们"的成绩自豪，那才应当是我们教育工作者真正引以为自豪的事。

伴随着困惑的自豪

——访皮尔森教育委员会

皮尔森教育委员会是加拿大魁北克的一个英语学区的教育领导机构。我在那里会见了这个机构的总裁刘·拉芳斯、副总裁鲍伯和人事部主任玛丽兰。听取了他们的介绍，也探讨了一些共同感兴趣的问题。

该学区共有近50所小学，12所中学，共有28 000多名学生。学区全年的教育经费为1.9亿到2亿加币。教育经费来源有这样几部分：第一部分是教育税。按魁北克规定，在征收房产税的同时征收教育税，教育税大约占教育经费总额的10%，全部用于学校日常运行。第二部分是政府的财政拨款。政府依照学区的学生数进行测算，残疾学生1人相当于普通学生3人，然后计算出生均经费，再依照生均经费、办公经费的预算进行拨款。第三部分是大型维修经费。联邦政府和省政府各承担一半。

学区教育经费数量可观，但他们仍感拮据。一是工资占的比例太大，约占全部经费的80%以上。通常皮尔森学区小学一至三年级班额21人，四至六年级班额23人，中学班额30人，平均每班任课教师1人。但由于教师要进修，要请病、事假，所以教师一周的平均课时只能达到17节。由于排课困难，只好减少班级，扩大班额，因此也出现了不少超过规定班额的班级。二是某些项目开支很大。由于推行公平教育，学区对弱智儿童、残疾儿童，甚至是高度残疾儿童，都采取主流化教学，随班就读。有的孩子每天需要用呼吸机，就被安排在医疗中心专门设立的教育机构中就读。这样，就需要许多教学辅助人员，学区有十几位残疾儿童，每年照顾他们的辅助人员工资就达四百多万加币。

学区里有两所学校属于贫困学校。贫困学校是这样确定的：依照每 4 年一次人口普查时的家庭平均收入状况，计算出学校贫困家庭学生所占比例，如果比例较大，这所学校就属于贫困学校，贫困学校可以得到政府更多的补助。而较为富裕地区的学校则允许接受家长的捐赠。政府鼓励家长向学校捐赠，家长向学校捐赠的款项，学校均给开退税证明，家长可以在计算个人收入时扣除。由于当地家长的参与意识很强，学校经常可以得到捐赠。捐赠的形式一般有两种：一种是用捐赠的款项成立基金会，并由家长代表决定用途；另一种是捐给学校，由校方自行支配。

皮尔森学区多年以来，坚持推行教育的公平原则，但学校之间的办学水平仍然参差不齐。现在，学区里办得最好的中学有一所，办得最差的有一所，其他学校水平也有差异。特别是贫困学校，由于好的管理人员和教师不愿到那里去工作，所以水平更低一些。目前，皮尔森学区中学毕业率为 85% 左右，这种成绩在魁北克已属于一流水平。

于是，我们谈起了择校的话题。既然学校有差异，家长和学生可不可以择校呢？他们激动地说："这也是我们十分头疼的问题，有 3 所好的中学墙都快挤倒了。"魁北克的教育法规定，任何家长都有权利选择自己孩子想去的学校。每所学校虽有就近的服务范围，但服务范围以外的学生，只要家长坚持，学校又有学位，就必须接受学生入学。如果没有学位，学生可以按申请顺序等待有学位时入学。学区负责人说，家长选择学校的原因，除办学水平外，也有的是根据孩子的特长，比如孩子喜欢音乐、冰球……就会选择有这方面特长的学校。

加拿大实行义务教育，不收学费、书费，学生负担自己用的文具和笔记本的费用。皮尔森学区学生要自带午餐，由老师照看学生用餐，家长要缴午餐管理费，课间加餐学生也要付费。

最后，我问他们："你们现在感到最伤脑筋的是什么问题?"他们异口同声地说："师资。"尽管魁北克的教师工作两年以后，就可以转正成为终身职业，但由于周边地区用高薪吸引优秀人才，教师流失仍很严重。特别是数、理科的教师，经常被高科技企业挖走。现在，他们甚至不得不从欧洲招聘教师。他们感慨地说："没有好的教师，想办好教育太难了!"

走出皮尔森教育委员会的大门，我告别了那些在为他们教育事业奋斗的朋友。他们向我们描绘了一幅教育图景，这种教育使他们感到自豪，又使他们感到困惑;使我们感到羡慕，又觉得并不理想。他们做到了许多我们想做的事，但又同样没能解决好我们想要解决的问题。我不由得想，这大概就是教育的真谛——永远处在理想和现实的矛盾之中。它要求你有追求理想的激情，又要求你有面对现实的冷静与清醒，你不能希冀一夜之间可以解决面临的所有问题，必须要忠实地、一步一个脚印地向高处攀登。我想，这大概就是教育工作者应有的良心、责任和使命。

不宜"一切"从简

最近，我参加了马来西亚英迪学院的毕业典礼，颇有感触。

礼堂外彩旗飘扬，礼堂内摆满鲜花，主席台布置得庄严肃穆。仪式开始前，家长就已按每个学生家庭两张票凭票就座完毕。仪式开始，在学校权杖的引导下，毕业生身着礼服，列队进入会场入座。学校领导和毕业班教师也身着礼服鱼贯登上主席台。毕业典礼在校歌声中正式开始。主持人请几位资深教师分别宣读毕业生名单，每宣布一人，该生便登台从学校董事会主席手中领过毕业证书并合影，顿时，台下响起一片热烈的掌声。然后教师再宣布下一位，依次逐个进行。学生领取证书的仪式进行了一个半小时。这时的礼堂外，已等满了手捧鲜花的亲友，他们簇拥着走出会场的学生，又进入布置一新的体育馆里合影留念，那里又成了欢乐的海洋。

我问该院的院长，为什么花这样多的精力来组织毕业典礼，他说，为了体现尊重学校，尊重学习，尊重学生，尊重人。

这使我想到，我们应当反对繁文缛节，但有时确实将本不应从简的事办得过于草率。

我也参加过一些学校的毕业典礼，有些只是随便走一走过场，领导讲一讲话，几个学生代表上台领一下毕业证书或者奖状，照张毕业合影，就算交待了。既没有庄重的氛围，也没有热烈的情绪，给人留不下什么印象。许多人在几年以后，甚至回忆不出当年举行毕业典礼时的情景。不仅毕业典礼如此，有的学校根本没有什么传统的活动，即使有，也是敷衍一下，草草了之。

有些同志往往会为这样做找出许多理由。一是把这些看成是形式主义，认为应当把劲用在实实在在的工作上；二是认为校长、老师都很忙，不要占用他们过多的宝贵时间，尽量简单一些为好；三是认为学生到了毕业的时候，心已经浮躁，毕业典礼之类的活动难以组织。总之一句话，学校活动理应一切从简。

应当说，形式主义的事我们做了不少，今后仍应坚决反对。但是，学生是从学校怎样对待人、对待事当中，学会待人处事的；也是从参加各种活动中，认识集体，学会礼仪的；更是从体验学校对他们的感情中，萌生和加深对学校的感情的。必要的形式蕴藏着深刻的内涵，可以使学生终生难忘，甚至可能对学生人格的形成产生重要影响，所以，我们万万不应草率从事。

一个学校的价值观要有载体。建设这种载体，是学校文化建设的重要组成部分。成熟的学校领导者，都会重视学校活动的精心设计和组织，并形成传统，从而传承学校的理念与精神，凸显学校的特色。以人为本，创造和谐的学校氛围，是贯穿于各项学校活动的主线，因此应当通过必要活动的精细化，来凝聚学校的人心，滋润学生的心田，培育学生的人文精神。

写到这里，我想起北京八中的"第一次铃声"。新学年开始，新生都要列队举行仪式，在庄严的第一次铃声响起后，新生在高年级学生的引领下，进入教室，开始在北京八中的生活。这项活动大约已经有 20 年历史了，由于内涵十分丰富，给我留下很深的印象。我想，这铃声也必将永远响在历届八中学生的耳边。

我们有些学校对那些文山会海，那些烦琐哲学，以及其他许多本应从简的事，都习以为常，但对体现对人的尊重，特别是体现对学生和教师的尊重的事，却经常以一切从简为由，敷衍了事。我想，我们还是不要把两者混为一谈，绝不宜"一切"从简。

给"多元"留下更大的空间

2009 年年初，新加坡理工大学邀我去讲学。借此机会，我参观了据我所知是我国内地第一所在国外举办的进行学历教育的中国国际学校——汉合学校。汉合学校是北京汇佳教育集团经新加坡教育部批准举办的从幼儿园到高中的一所学校，招收的学生既有包括华裔在内的亚裔新加坡人子女，也有其他亚洲国家和欧美国家的孩子。虽然目前学校规模还不算大，学校的主要教学语言是英语，但教学内容中融入了大量的中国文化，正是这一特点，使不少家长对这所学校非常青睐。

其时，北京正是春寒料峭，新加坡却已是花团锦簇、绿树成荫。汉合学校像一个大花园，十分美丽。学校专门从中国国内选聘了一批优秀教师，他们在那里不仅教学生汉语，而且更注重传播中国文化。我观看了一些白皮肤的孩子用汉语表演的演绎中国成语的木偶剧，他们兴致盎然，演得惟妙惟肖。我还参观了学校专门开设的介绍中国历史、建筑，甚至烹饪的教室。难怪家长们也愿意常来这里学习。

漫步在校园中，我不由得产生了一种自豪感。中国的学历教育已经开始走出国门、走向世界，教育的国际化已经翻开了新的一页，这是一件多么了不起的事情！

学校的举办者王志泽先生向我介绍，汇佳教育集团是经过国内相关部门批准，在海外投资举办学校的。其实，就在国外举办学历教育学校而言，目前我国尚无明确的政策，但相关部门有了批准进行这项实验的勇气，也就为未来扩大中国基础教育在世界的影响积累了经验。所以，汇佳教育集团在国外举办这所学校值得称道，相关部门批准其在国外举办这所学校同样值得称道。

温家宝同志多次强调，中国应当有更多的教育家来办学。其实，中国并不缺教育家，因为中国有许多懂得教育规律，而且认认真真按照教育规律办学的教育工作者，有许多为了中国的社会主义现代化建设，为了中国教育事业的繁荣，敢于创新、善于创新的人。问题在于，我们必须为他们提供创造的空间，而这一点正是我们最为缺乏的。

最近，有些同志开玩笑地跟我说：中国所有的重大变革都始于农村，然后才是农村包围城市。革命战争时期如此，改革开放时代亦如此，现在在教育改革中引起广泛关注的洋思经验、杜郎口经验、东庐经验也都来自农村，这可能是中国特色。虽然这位同志的玩笑话讲得并不全面，但细想也不是全无道理。我想，因为管理部门离农村远一些，所以农村的自主空间就大一些，这可能是农村易于变革的原因之一吧。

改革开放 30 年来，在党的正确的思想路线的指引下，教育战线进行了许多改革的尝试，涉及办学体制、管理体制、教育结构、教育思想、教育内容、教育方法等诸多方面。许多尝试在点上有所突破，积累了可贵的经验，但其中有不少改革在一次次的整顿中被清理掉，理由是它们不规范。于是，上一届领导同志推动的改革，到了下一届领导那里就被以规范化为名，变成了整顿的对象，有的人甚至将这种折腾当作政绩。

规范化是教育事业健康发展的重要条件，但是，把规范化变成"一刀切"，的确是一些领导同志的可怕的观念。他们没有管理多元发展的理念，更没有管理多元发展的能力，于是，就采用最简单的管理办法，发个通知——一刀切下去。殊不知，他们在切掉污秽的同时，常常也切掉了美丽，切掉了教育家们创造美的激情。

我们正在推动政府职能的转变，其核心是由管制型政府转化为服务型政府。一个服务型政府是不能用"一刀切"的简单办法来管理一个大国或者一个地区的教育事业的。法律法规是基本的行为规则，必须遵守。但在不违反法律法规的前提下，管理部门应当学会服务于多元发展，而不是容不得任何"另类"的存在。何况，有的清理整顿，不过是一些部门的一纸通知，本身就不一定合法。

中国的教育事业需要更多的创新，需要更多的具有个性的创造激情，我们有责任留下更大的创造空间。要使教育家们不被那些无视教育规律、容不得半点不同的"一刀切"式的管理捆住手脚，那才是中国教育家之大幸，当然，更是中国教育事业之大幸。

杂 感

在日本东京明星幼儿园参观,感慨颇深。

那是一所私立幼儿园,设施并不豪华,但供孩子们活动的露天空间很大。一些孩子正在喂饲养的小动物,一些孩子正在侍弄着种在园地里的蔬菜。有一位老师和孩子们一道在沙坑里玩沙子,有的孩子玩完了,在水龙头下洗脚。在大型的游乐器械下,孩子们正高高兴兴地爬上爬下,到处是欢声,到处是喧闹。

快要放学了,孩子们收拾好自己的东西,走进一个大的活动室。我以为是等待回家,进去一看,每个孩子都坐在椅子上,两手放在膝盖上,合上双眼,静静地坐着,整个活动室里没有一点声音。这样两三分钟,然后,孩子们起立走出活动室,上班车回家。

我问园长,孩子们这是在做什么?园长说,在"静思"。她说,每天上午到园后和下午离园前,孩子们都要有一次"静思"。我奇怪地问,这么小的孩子,让他们坐在那里想什么呢?园长说,我们并不要求他们一定要想什么,但时间长了,他们会养成一种每天静思的习惯,各自想一些自己想要想的事。

我本来以为对学前的孩子们来说,主要是发展他们的天性,让他们在游戏中快乐地成长。这一点我在明星幼儿园里看到了。但我却没想到,幼儿教育还有适度收敛,培养孩子静思习惯的一面。仔细一想,这样做的确有道理。

诸葛亮在《诫子书》中说:"夫君子之行,静以修身,俭以养德。非淡泊无以明志，非宁静无以致远。夫学须静也，才须学也。"又说："淫慢则不能励精，险躁则不能冶性。"一个人的成才，离不开静下心来学习，潜下心来思考，一个人的成功离不开冷静的观察和深入的探究，心浮气躁是做不成大事的。现在，社会上弥漫着一种浮躁之风，许多人无论是决策，还是做事，都缺少一种冷静，缺少一种深思，以致事倍功半，更难于创新。原因固然有多种，但从小没有养成静思的习惯恐怕也是重要的因素。

我想，的确不能小看了这所幼儿园每天为孩子们设计的这几分钟，正是每天的这几分钟，在培养着一种气质，培养着一种心理状态，在影响着孩子们的一生。

教育的荒漠化

北京的三月，恰逢我接待日本教育家大田尧先生来访之时，沙尘暴袭来，漫天风沙几乎让人睁不开眼，喘不过气。见面后，我们不由得谈起风沙这个话题。我说，土地荒漠化威胁着人类的生存，大田先生表示赞同。但他话锋一转，忧虑地说，他更担心日本教育的荒漠化。

那天正好是大田先生的生日，他已经92岁，但依然精神矍铄。他毕生从事教育工作，曾经连续三届担任日本教育学会会长，在日本教育界享有崇高的威望。近年来，他又热心从事日中友好交流活动。前几年，我曾和他一道参加清华大学举办的素质教育论坛，就推进素质教育问题交换了意见。他提出许多深刻的见解，比如：他认为，一个人不可能按照别人的愿望被培养成别人所希望成为的那种人，教育只能从不同人的实际出发，为他们各自的发展创造条件。他的这种立足于人的本质特征来研究教育的个性化的主张，确实给我们很多启发。我很敬重他，因此对他的有关日本教育荒漠化的见解，很是关注。

他说，在许多日本孩子的心中，一是缺乏对他人的关心，二是缺乏对自然界的关心，他们的心灵已经成了一片沙漠。在日本孩子当中，很少有人知道自己的邻居姓什么、是做什么工作的、家里有几口人。孩子们被封闭于家庭和学校狭小的圈子里，很少到大自然中去，了解我们赖以生存的活生生的世界。他说，关心他人、关心自然，是人类持续发展的基本伦理，但是，我们的教育却只为孩子们创造了一个"无机的"环境，教育的荒漠化是孩子的心灵成为沙漠的重要原因。

对于现在日本文部科学省正在纠正近年来实行的"宽松教育"的措施，大田尧先生也不无担心。他怕在关注提高学习质量的同时，会加快教育荒漠化的进程。

其实，大田尧先生的忧虑，同样也是我们的忧虑。中国的孩子们对自然和他人的关心亦日渐淡漠，这不也同样对我们的教育敲响了警钟吗？

记得20多年前，市场经济发展初期，我曾受教育部派遣，带领一个代表团去美国考察初等教育，考察的重点是，美国的学校如何培养孩子的竞争能力。从夏威夷到东、西海岸，我们访问了许多小学和幼儿园，每到一处都提同样的问题，但结果是，很少有校长能够给出明确的答案。只是在纽约的银行街学校，校长果断地回答了我们的问题——培养孩子的合作能力。他说，只有会合作，才有竞争力。当时，大家对这个回答感到难以理解，因为，我们习惯于将竞争看成是压倒别人之后脱颖而出。

虽然多年过去了，但这种陈旧的观念仍然贯穿于我们实际存在的"应试教育"体制中。学生心目中缺少对他人的理解、宽容、关心和尊重，学校缺少一种融洽、和谐、互敬、互爱的氛围。有人说，智商反映人在自然界生存的能力，情商反映人在社会中生存的能力，虽然我们的教育并不一定有助于提高学生的智商，但我们对提高智商的关注远远多于对提高情商的关注却是不争的事实。同时，城市化进程带来的居住条件的封闭、信息化发展催生的虚拟世界的诞生，也更加剧了部分学生内心的空虚和孤独。

哥本哈根世界气候大会体现了全世界对地球气候变暖的关注。人类是自然界的一部分，自然界又是人类赖以生存的环境与条件。因此，引导学生关心与尊重大自然是教育最重要、最基本的任务。联合国教科文组织提出"教育为了可持续发展"的理念，就是将教育的目的定位于为人类的可持续发展服务。但是，我们虽然在课程改革中强调了社会实践，强调了让学生走出校门、走进大自然，而实际的教学安排却使得学生难有亲近自然的时间和机会。还有，如何统筹校外活动与安全保障的关系、如何倡导家长减少学生在校外的不必要的学习负担，都是短时间内难以处理的问题。这样，相当多的学生就很难享受到漫步田野山川、遨游江河湖海、欣赏树木花草、呼吸新鲜空气的幸福，也就难以珍爱、保护我们赖以生存与发展的大自然。

我国中长期教育改革与发展规划纲要已经将培养学生适应社会的能力、进行可持续发展教育提到日程上来，这是现代教育理念的重要体现。我相信，我们的教育一定能够避免荒漠化的危险，还孩子们一片心灵的绿洲。

由两节课引发的思考

北京的中关村一小、北京小学、一师附小、朝阳实验小学四所学校和美国的同行们联合组织了一次课堂教学观摩活动，双方教师进行了各科课堂教学展示。我听了中国和美国教师各一节数学课，感慨良多。

其中一节数学课的内容是分数、小数和百分数的互换。教师在组织学生简要复习三者的概念后，着重突出教学难点——在将分数化为小数时，是将分子还是分母作为被除数。然后，教师留出大量的时间，让学生借助简易的教具等进行巩固性练习。整节课环环相扣，简洁明快。

另一节课的教学内容是求平行四边形的面积。教师先提出一个很有趣的问题：用一块长方形的土地换一块平行四边形的土地是否合算？然后组织学生分组讨论；每组将讨论的结果向全班展示，并说出思维过程；各组间相互评论、争论；最终，大家用图形切割等方法，对两个图形的面积进行比较，找出平行四边形底和高与长方形长和宽的关系，得出求平行四边形面积的公式，并解决了开始时提出的问题。整节课学生思维活跃，课堂气氛热烈。

两节课都十分精彩。但出乎我意料的是，前一节课由美国教师执教，然而采用的是典型的中国传统教法；而后一节课由中国教师执教，然而采用的是典型的西方成功教学模式。

这使我想到了许多问题。

一是所有的教学改革都是从问题出发的。美国基础教育注重学生的智力发展与能力培养，但基础知识和基本技能的教学相对薄弱。因此，美国在二十世纪初颁行《不让一个孩子落伍法》，注重学生学业成绩的提高，对学校与教师实行以学业成绩为依据的绩效考核。在这种导向下，教师的教学改革自然会偏向对知识与技能的传授。而中国长期以加强"双基"为目标，但学生的能力培养与个性发展被忽视，因此，以第八次课程改革为代表，中国的教学改革正朝着培养能力与开发智力的方向发展。虽然常态教学改起来并不容易，但在展示教改的成功课例时，中美双方都有意突出了突破藩篱的创新点。由此，我想到，借鉴任何国家的经验都要认真研究该国的教育背景，否则极容易陷入误区。

二是东西方的教学改革正在相互借鉴与融合。在全球化的背景下，教育的交流、交锋与交融已经成为一种时代潮流；关注别国的教育动态、发展方向，特别是成功经验，以推进自身的改革，成为各国教育的必然选择。在我们汲取西方发达国家基础教育优良传统的同时，西方国家也在研究中国的教育。中国出国留学学生的低龄化，以及他们总体的基础知识和基本技能的水平，特别是上海学生参加 PISA 测试的表现，引起不少国家的兴趣。由此出现了各以对方的教育优势为改革方向的趋势；从某种角度看，东西方的教育改革正在相向而行。

三是教学改革必须在正视积弊的同时，珍视自身的优良传统。教育现代化是社会现代化的一部分。无疑，我国的传统教育在普及化、终身化、个性化、信息化和国际化等方面都存在着许多不适应现代社会需求的因素。找准这些因素、明确改革目标是我们迫切的任务。当前，教育改革已进入深水区和攻坚阶段，在取得进展的同时，许多困惑和挑战也摆在我们面前，我们要有勇气克服我国的教育积弊，但同时也要有勇气维护我国教育的优良传统，在国际比较中找准我国教育的定位。我们要认真学习与借鉴其他国家教育的先进理念、先进体制、先进内容、先进方法和先进技术，但又必须认真总结我国过去和现在的教育经验。

　　那种全盘否定中国教育传统、忽视我国传统教育经验中的宝贵资源、完全照搬别国教育模式的做法，是不可取的。在这方面，我们要特别防止教育改革决策的简单化和盲目性。

　　2013 年 9 月 9 日，习近平总书记在教师节慰问信中，希望广大教师牢固树立改革创新的意识，踊跃投身教育创新实践，为发展具有中国特色、世界水平的现代教育做出贡献。这明确指出了我国教育改革的方向：既要有"世界水平"，又要有"中国特色"。我想，这应该成为我们全体教育工作者奋斗的目标。

德育・『向上』与『向善』

增强德育的渗透力

——在 2000 年北京市"紫禁杯"中小学优秀班主任颁奖仪式上的讲话

加强学校德育是全社会关心的大事，但并不是简单地增加了做德育工作的时间和人力，德育就可以加强。我想，克服德育工作中的形式主义，增强德育的渗透力应当是我们当前工作的着力点。

学校德育有着光荣的传统，有过成功的经验，我们无疑应当继承和发扬。但这种继承和发扬必须紧密结合实际，必须有着鲜明的针对性，才能取得实效。否则，就会流于形式。忽视德育的倾向，常常容易引起我们的警惕。但形式主义的危害，却往往不容易引起我们的重视。

"形式主义害死人。搞形式主义，不仅自欺欺人，而且劳民伤财。"我想，为了取得学校德育工作的实效，我们应当旗帜鲜明地反对形式主义，努力增强德育的渗透力。

要把握基本观点的教育，减少烦琐哲学。我们在对学生进行教育时，常常把很简单的道理讲得很复杂，把比较复杂的道理讲得很糊涂，直到学生厌烦为止。最后，学生可能连最基本的观点都没有把握住。我们现在应当提倡讲得少点，精一点，留下更多的时间让学生自己去领悟。减轻学生过重的课业负担，也应当包括减轻这种事与愿违的烦琐哲学的负担。

要引导学生自己进行选择，以增强他们的判断能力。我们常常习惯把现成的结论告诉学生，让学生记住，并且在考试时，能够准确地回答出来，认为这样才叫有了认识,有了认识,学生才能够有自觉的行动。结果,学生并没有通过自己的思考,内化为自身的观念并指导自己的行动,更重要的是没有养成判断能力和创新能力。当他们步入社会以后,面对纷繁复杂的社会现象往往就会无所适从。因此,必须努力为学生提供可以进行选择的空间,让他们自己寻求问题的答案。

要重视情感的激发,增强德育的感召力度。我们重视理论的灌输,这无疑是必要的。但是,绝不能忽视动之以情的震撼力和内化力。有些事情并不需要讲多少道理,学生就会接受,甚至刻骨铭心。中国古代用一幅"廿四孝图"就促使"孝道"代代相传,而看奥运会上中国国旗升起的爱国主义教育效果,则胜过好多堂政治课。所以,我们应当像重视理论灌输一样重视情感激发。

江泽民同志要求思想政治工作应当春风化雨,润物无声,耐心细致,潜移默化。我想这同样要求我们的学生德育工作增强渗透力。所以,增强德育渗透力应当是当前学校德育工作加强与创新的方向。

加强德育研究促进中学德育的创新与改进^①

最近有四件事让我很受触动。

一是 2000 年 9 月 27～31 日，我在澳门参加联合国教科文组织举行的东亚地区联系学校会议。在这个会议上，我见到了澳门一所大学的校长，我问他这所学校里教师的来源。他说有三部分：一部分是澳门人送到祖国内地上大学毕业的；一部分是澳门人到台湾地区学习毕业的；还有一部分是到西方留学回去的。我问这三者之间有什么差异，他感觉送回内地学习然后再回去的这部分人业务水平普遍都比较高，但爱国情感和敬业精神比较差。说敬业精神比较差我有思想准备，说爱国情感比较差我毫无思想准备。我一贯认为进行爱国主义教育是我们的长项，结果我们培养的人却爱国情感淡薄，这使我受到了触动。

二是在成都进行的研究西部开发问题的西部论坛上，我听到一位美籍华人的演讲。他说，西部开发是和谁竞争？不是和东部竞争。因为东部和西部之间是一个互补的关系。因此西部开发是和墨西哥、印度、东欧地区竞争。也就是争取国际财团，他们是把钱投到墨西哥、印度、东欧还是中国西部。中国西部想要在开发过程当中把国际财团的资金吸引过来，靠什么？很多人认为要靠基础设施。无疑，必要的基础设施是肯定要有的，对墨西哥、印度、

---

① 2000 年 10 月在中国教育学会德育专业委员会和北京东方德育中心联合组织的全国中小学德育工作高级讲习班上作的德育专题报告。

东欧地区来讲，他们同样在重视基础设施的建设。但有几点是必须加强的。首先就是西部一定要有一种经济文化——一种适应经济发展的文化。西部现在的省长们、市长们对于国外的企业和国外的专家都是非常尊重的，但可惜一到了基层单位，办事非常难。他说，我们国家机关的工作人员的责任心和效率如果不提高，这种经济文化就建立不起来，就不可能吸引国际财团把资金投到这里来。现在我们国家管理开发工作的以及政府各个管理部门的主要从业人员，相当一部分是近二十年从学校培养出来的，但是这些人所表现出的工作责任感、效率观念以及工作作风，并没有得到各有关方面的充分肯定。这是从一个侧面对学校德育工作的检验。

三是我看见前几天烟台出版的报纸上登了一篇小文章，大意是在日本听一堂小学德育课。上课以后，老师就讲，有一个姑娘叫正子，她接到远方朋友的一封来信非常高兴，但当她要打开信封时，发现信封上贴着一个纸条，纸条上写着：这封信贴的邮票邮资不足，请到邮局把邮资补足。于是她就到邮局把所欠的邮资补足。回来后，她对哥哥讲了这件事，问哥哥应不应该把这件事告诉寄信的朋友。她哥哥讲，你别告诉她，你如果告诉她，肯定会触伤她的自尊心。她又问妈妈。妈妈说你可以告诉她，这个信是欠资的，但你不要告诉她具体欠多少，因为你告诉她具体的欠资数量以后，她会认为你是要让她补给你这些钱。老师又说，还有的人认为正子应如实地告诉远方的朋友，你贴的邮票欠资，而且要说欠了多少钱，也有的人认为这样的事情不应当草率地决定怎样做，应该反复地考虑。然后老师就把这四种意见写在黑板上，让孩子们把自己的名字贴在自己赞同的意见下面。结果，每一种意见下都有孩子的名字，但比较多的是赞成第三种意见，就是要告诉远方朋友欠资，以及欠资多少，这样她以后就会注意。老师最后讲，我也赞成多数同学的意见，我们这节课就是请同学们记住，对你的朋友永远应该充分信任。然后就下课了。我想按照我们的常规，上德育课讲对朋友要信任，先要讲为什么应当信任，我们要分析第一个原因、第二个原因……然后讲怎样去信任。而日本人的这堂课，老师实际上只讲了几句话，但给人的印象却非常深刻。

四是最近贵州的报纸上登了一篇短文，说的是在美国听的一节历史课。历史老师一到课堂就讲，上次我们进行的历史测验，同学们的成绩普遍都不好，都不及格，因为你们回家不好向家长交代，所以我可以给你们增加 10 分，让你们及格。但有一个条件，在我们班的同学当中只有白人同学有这种权利，黑人同学没有。老师一讲完，黑人孩子一下就火了，有的同学就把课本呀、笔呀向教师摔过去了。教师自己准备了一样自卫的东西——一把玩具水枪，老师拿水枪射这些学生，结果就这么折腾了半节课。最后老师说，大家坐好，我们这节课就是想要大家了解，当年黑人为什么要暴动，和他们当时暴动的情况。他没有讲白人如何压迫黑人，我想学生就很明白，当初白人可以享有的权利黑人是没有的，黑人在忍无可忍的情况下会起来暴动。

这几件事给我的触动就是，我们应该深思，德育究竟应该怎么进行才可以加强。像这样我们认为不像话的德育课反而取得很好的效果，而我们那种非常认真、正规、有系统的德育反而得不到应有的实效，这确实值得进一步研究。所以，我们应该把加强德育研究、促进中学德育的创新与改进，作为一项重要的课题，这应该是下一阶段加强德育的主旋律。

在一次关于德育工作的会议上，北京四中的校长邱继隆同志在发言中提出，德育的实效性差的主要原因有两个，一是主观愿望干扰了实际效果，一是形式主义干扰了实事求是。他举了个例子，"两史一情"教育本是生动活泼的，学生很受感动。但后来要考"两史一情"，于是政治课的内容立刻就变了，成为"应试教育"，使得生动活泼的实效性失去了。所以实效性差并不完全在于我们没有加强德育，也不是因为我们的德育课时、德育工作人员比其他国家少，主要还在于我们德育本身存在着需要进一步研究探讨的问题。就像江泽民同志讲的，形式主义和教条主义是德育工作取得实效的主要障碍。

江泽民同志把加强和改进思想政治工作的重点说得很明确，就是要增强时代感，加强针对性、实效性、生动性。他在全国思想政治工作会议上的讲话中指出，形式主义、教条主义那种简单生硬，不讲究方式、方法、对象、条件、场合，照本宣科，生搬硬套，老生常谈，空话连篇，绝对不会有成效。他还讲，形式主义害死人，搞形式主义不仅是自欺欺人，而且是劳民伤财。

我们的德育工作当中也存在一些自欺欺人、劳民伤财的成分，江泽民同志在讲话中提出，我们现在应该春风细雨，润物无声，耐心细致，潜移默化。我们应该从这个角度认真审视一下学校德育工作。我认为审视的结果应该有这样的结论：第一，中学德育有着优良的传统，做了重要贡献；第二，现在确实存在着时代感不强，针对性、实效性、生动性不强的问题，也存在着一定程度的形式主义和教条主义；第三，应该在发扬优良传统的基础上创新与改进，不创新与改进就不可能真正加强德育。

就德育工作的创新与改进，我谈三点想法。

第一，增强时代感。

德育如果没有时代感，就会让学生觉得，我们所进行的德育，包括思想品德课所讲的是离他们很遥远的东西，是他们难于理解的东西。现在讲传统教育，讲填平代沟，绝不是简单地把孩子们拉回到我们所生活的年代去，而是要让他们就他们所处的时代来接受我们的教育。增强时代感，才可能增强针对性，才可能增强贴近感，也才可能增强实效。在增强时代感上，我觉得应该注意三个方面：

一是对重大的理论问题和实际问题的教育要增强时代感。江总书记在全国思想政治工作会议上专门谈了这点。比如如何认识社会主义发展的历史进程，如何认识资本主义发展的历史进程，如何认识我们党的性质和任务等问题，都要以邓小平提出的"三个有利于"和江泽民同志提出的"三个代表"重要思想为依据，这样我们对重大的理论问题和实际问题的教育才能有强的时代感。

二是对学生思想特点的把握要增强时代感。没有时代感就很难有针对性。现在的学生跟三十年前的学生是不一样的，主要的特点是独立性、选择性、多变性、差异性明显增强。原因就是原来没有进入改革阶段的时候，社会的发展是相对平稳的，人们的心态也是大致相同的。过去在计划经济体制下，只有相对单一的利益格局，同时，信息渠道也比较单一。现在不同了，一方面社会变革与学生家庭的碰撞必然影响学生。利益格局多元化了，不同的社会群体里人们的心态不一样，再加上获取信息的渠道和信息量的不同，学生之间思想的差异性会更大。如果说过去用相对单一的教育内容、方式方法来教育学生有些效果的话，现在如果不针对不同学生的思想特点，就很难取得实效。社会主义价值观的核心是为人民服务，基本原则是集体主义。要让这样的价值观在社会生活中占主导地位，就必须要有时代感。

三是对学生进行德育的方式也必须增强时代感。传统的行之有效的方式依然要坚持，但是应该有勇气改进，要代之以新的教育形式、新的教育手段。因此，要增强德育实效性，推进中学德育创新与改进，首先应该研究增强时代感的问题。

第二，增强综合性。

原来的德育工作中存在着一种"三割裂"的现象。第一种割裂是德育与其他教育割裂。在学校里把德育就看作是德育处、团委、班主任的任务，并不是全体老师都把它看成是本职工作；只把德育活动作为进行德育的重要渠道，而没有把各科教学都作为进行德育的基本渠道。再一种割裂是德育内容自身的割裂。德育常常被切成政治教育、思想教育、品德教育，还有心理教育。实际上这些是不可分割的。我们研究、分析德育内容是一回事，进行德育是另外一回事。如果我们在进行德育的时候把德育内容截然分开，就很难取得好的效果。第三种割裂就是德育途径的割裂。知、情、意、行——是德育过程，这是有共识的，但又常把知、情、意、行割裂开来，往往把德育的任务局限在"知"上，并不把将最后形成的情感意志转化成行动看成是德育的责任。我们的德育工作一方面继承了 15 世纪以来自然科学的分析方法，一方面继承了中国研究经书的演绎方法。结果常常会把简单的弄成复杂的，把复杂弄成不明白的，最后一直到把很容易明白的事情弄成很不明白。比如对朋友应当信任这个结论，通过一个生动事例学生就可以理解了，但是如果我们把为什么要对朋友信任分析出若干条道理来，学生反而难于接受。

我们要加强德育的综合性，改变这种割裂的状况。德育绝对不仅仅是三支队伍的事，三支队伍是骨干力量，全体教师是主体力量；德育活动是重要渠道，各科教学是基本渠道。因此必须把德、智、体、美的教育目标在实施过程当中综合起来。我们的教育目标应该是综合的，我们德育的目标也应该是综合的。在教学过程中，比如高中课程里有政治常识、经济常识、哲学常识，我们不可能在哲学常识中不涉及政治和经济的内容，这些内容自身是糅在一起的。最近，我在《人民教育》上发表了一篇关于心理健康教育的文章，认为应该拓展心理教育的空间，就是说孤立地提出心理教育也是不行的，心理教育必须和整个的教育融合起来。如果把心理教育仅仅看成是搞心理辅导和心理咨询，很可能你在这边进行心理教育，还有一些老师在课堂上正在损伤学生的心灵。

因此，德育的目标、途径都应该是综合的。如果我们不把这些糅在一起，过多地分工，在人上分工，在课上分工，在活动上分工，就很难取得真正的效果。

第三，增强渗透力。

这是德育创新需要研究的重要课题。渗透力实际上就是内化力，德育归根结底是把德育的内容内化为一个人内在的稳定的品质。要遵循学生的认识规律去内化，过去的德育实效性差就是内化不了。一个学生在高中毕业的时候政治课可能考的是满分，但进了大学以后却没有正确的政治观点，关键在于没内化为他的自身认识。增强渗透力，需要重视三个问题的研究。

第一是把握基本，减少烦琐哲学。烦琐哲学是教条主义的表现。我们不能够总是无限制演绎，把简单的问题讲得复杂起来，直到学生糊涂为止。我过去也教书，感到困难不在于在课堂上应该讲什么，而是应该不讲什么。现在在备课过程中，对不讲什么，研究的比较少，讲什么，想得比较多。这个觉得应该讲，那个也觉得应该讲。这当然不完全是老师的问题，因为老师怕漏掉。如果漏掉，考的时候怎么办？所以一律都要给学生交代得非常非常充分，光是课本还不够，要找很多材料来补充讲义。我认为如果我们讲的内容比课本少，可能成功率会更高。因为，我们会更重视让学生理解最基本的东西，最基本的观点。而这种理解并不一定必须通过说理的途径，同样可以通过学生所有能够接受的其他方式。我前边举了两个例子，并不是提倡我们的课堂教学都变成那样，但至少给我们一种启示，就是人家那样教也有效果，而且还有很强烈的冲击力。如果一个黑人学生在课堂上曾经用课本摔过提出无理条件的白人老师，他会一辈子忘不了黑人就是在这样不公平的待遇之下才起来反抗的。所以，最大限度地减少烦琐哲学，最大限度地突出基本观点，是很重要的。如果把基本的东西淹没在无数非基本东西的海洋之中，学生反而更不容易把握。

因此，课堂教学的改革力度要加大，课堂教学的创新力度也要加大。德育也好，创新精神和实践能力的培养也好，其基本途径还是在课堂。如果没有课堂教学面貌的根本改变，就不可能有真正的素质教育。因此，加强德育也要立足于改革课堂教学，其中当然也包括改革思想品德课、政治课的教学。

第二是增强学生的判断能力和创新能力。让学生学会选择是教学过程中的一个基本要求。由于在实行标准化考试中出现一种选择类型的题目，所以大家开始重视把选择作为一种教学方法。但是很多选择题往往是我们编出来的，然后让学生记住应选的答案，我想不应该是这样。现在北京一些教育工作者正在进行尊重教育实验，其重要内容之一在于整个教学过程要给学生留下选择的空间。像我们刚才所讲的一节日本的德育课，老师可能讲出了他的意见，也可能没必要讲出他的意见，几种情况让学生自己去分析、判断。

到一所小学，当外宾给学生提出一个问题的时候，这个学生常常是在回答问题之前先看看老师，回答问题之后再看看老师。因为他觉得真理都在老师的手里，没有自信。老师点头，他就认为自己说对了，老师一皱眉头，就认为自己说的不对。这样的孩子将来步入社会以后，遇到复杂的社会现象就很难具有独立的判断能力。人不可能一辈子有老师在身边，再加上老师有时候判断也不一定正确。所以我们应该多给学生一些选择和判断的机会，以增强他们的判断能力。况且，创新的东西基本上不在你给他的答案里，他要想创新就必须自己去选择和判断。过去觉得教学必须给学生最明确最准确的结论，我想今后不要简单化。如果在政治课考试中因为比标准答案少一个"的"字就要扣分，那么我们就无法真正培养学生的判断能力和创新能力。

第三是加大情感感召力度。德育只有理论的灌输是不行的，还要有情感的灌输。情感往往是由感性的东西激发出来的。从前边举的那两个例子我们可以发现，他们都是从感性入手来激发学生的情感，形成他们的认识的，这很符合学生的认识规律。奥运会所进行的爱国主义教育，大概比哪一节课都强烈。如果我们要讲国旗的尊严的话，恐怕没有比让学生看一场比赛后升国旗时学生的感受更深了。

最后，我想讲一下，提高教师的师德水平和德育能力是加强和改进德育的关键。

首先，要高度重视教师言行的示范性，特别是教师价值取向的示范，教师道德行为的示范。因为教师判断是非的标准直接影响着学生的价值判断，教师的道德行为直接影响着学生的道德行为。比如说老师与老师之间经常有矛盾，这种老师之间的矛盾对学生处理人际关系会有相当程度的影响。教师对学生的尊重也会直接影响学生去尊重别人。

要高度重视教师德育过程的教育性，也就是说要重视过程。"应试教育"与素质教育的重要区别之一，就是"应试教育"比较重视结果——考试的结果。只要你考得好一切就都好。总结经验从哪儿总结？就是考好了返回来找经验。而素质教育最重要的是重视过程，因为素质教育中内化为学生品质的那些东西是在过程当中实现的。素质教育的效果包括德育的效果一方面是难以全面评估，一方面是难以及时评估，这是德育评估的难题。因为德育和素质教育的最终效果是看学生进入社会以后所具有的品质是什么，所以及时评估很难，全面评估也很难。由于有这样的情况，我们就要重视过程。药品和食品生产当中有个 GMP 标准，这实际上是质量标准，但是这个质量不是对最终产品的检验，而是对生产过程中每一个环节的把握。如果每一个环节都把握住了，最后的质量肯定是合格的。在这个基础上又有一个标准叫作HACCP，这个标准就叫作危险因素分析及关键点控制。就是在生产过程中要分析哪一些地方存在着影响质量的危险因素，然后控制住这些危险因素的关键点，控制住这些关键点，质量就有了保证。这给我们很深刻的启示，我们应该树立过程意识，过程必须有教育性。我们曾经在电视台转播过一个班会，这个班会是非常感人的，这是结果。过程呢，最后才知道，老师已经布置好了班会中谈感想的时候谁发言，甚至讲到哪一句话的时候应该流眼泪。我们看的人虽然很感动，但这个班会只不过是让学生演了一场戏，过程本身对学生并没有多少教育性。我们可以把这堂班会评为最佳班会，但学生在参与过程中也只掌握了一样东西——如果要想获取荣誉，必须弄虚作假。

我们要重视过程，就必须改变对教师的管理，必须注意管理的科学性。由"应试教育"变为素质教育，我们提出了"减负"。要减轻学生的压力，必须首先减轻教师的压力。因为不减轻教师的压力，教师就不可能真正减轻学生的压力，教师给学生的压力只不过是他所受到的压力的一种传导。因此，我们要改变对教师的评估方式，现有的目标到达度的评价模式虽有利于规范但不利于创新。我们现在鼓励创新，就必须相应改变评价，要使那些重视过程并且有创新的德育工作得到充分肯定。

整合学校德育的骨干力量

中小学德育工作的骨干力量，传统提法是三支队伍——政治教师、团队干部和班主任。多年来，这三支骨干力量在学校德育工作中发挥了重要作用，因此，进一步加强这三支队伍的建设，无疑是增强德育实效性的重要环节。

但是现在看来，只强调这三支队伍是骨干力量，已经产生一定程度的负面影响，有时，甚至削弱了学校德育整体功能的发挥，影响了学校德育的和谐与丰满。

按照我们的管理习惯，重要的事情都应当由专人负责。德育当然是重要的事情，因此，从教育行政部门到学校，就需要形成一个相对独立的德育工作体系，于是，由教育行政部门的德育管理部门，到学校的德育管理干部，再到三支队伍，就形成这样一个体系。当然，有了这样一个体系，上级抓德育工作就有了"抓手"。为了使这些同志专心于德育工作，在评定职称时，还专门设置了德育系列，有德育职称的同志就成为德育的专门人才。于是，久而久之，大家习以为常，德育也就变成这三支队伍的事情了。

但不容忽视的是，当我们将德育看作是这三支队伍的责任的同时，却往往将学校的其他成员，特别是任课教师，排除在德育骨干之外。这样就造成学校的德育工作逐渐自外于学校教学工作，学校德育队伍逐渐自外于学科教师队伍，学校的德育活动逐渐自外于学科教学活动，学校的德育评价也就逐渐自外于学校的教学评价了。

　　所以，从一个角度看，重视三支队伍建设，德育有了专人负责，看似加强，但从另一个角度看，相当多的任课教师不把德育当成自己的事，使德育工作和教学工作脱节，甚至对立起来，德育又谈何加强呢？

　　德育是教人做人的教育，是学校教育的重要培养目标，对于基础教育来说，德育更是为了奠定人一生发展的最重要的基础。因此，它是每位教师的责任，必须贯穿于学校全部教学工作之中，特别是学生参与时间最多的课堂教学之中。所有学科都蕴含着丰富的德育资源，所有教师的身教言教都对学生的思想、品德、价值取向有着重要的影响，所以，全体学科任课教师都应当是德育工作的骨干力量。

　　有人认为，强调三支队伍是骨干力量的同时，没有排除学科教师的作用。但实践证明，三支队伍尽管承担着德育的重要责任，但难于成为整个教师队伍进行德育的骨干。他们对学科教师的教学活动，难于指导，难于组织，甚至难于施加影响。实际上，任课教师与班主任、团队干部和政治教师是从不同的角度在学校德育工作中发挥骨干作用的。任课教师从各自学科的工作角度，班主任从学生管理的角度，团队干部从学生组织的角度，政治课教师从政治、法律和道德修养学科的角度，分别承担而又相互协调着德育的责任。

　　有人认为，如果都是骨干，还有什么骨干可言。实际上，因为学校德育是整个未成年人思想道德建设的一个部分，需要有骨干来协调社会、社区与家庭，需要有骨干来组织学生。学科教师和班主任、团队干部、政治课教师同样需要利用社会教育资源，调动社会力量，和家长协调对学生进行教育；不仅需要在学科教学中有目的地进行德育，同样也需要组织学生开展相关的德育活动。所以，他们都是德育工作的骨干。对学科教师的评价，同样应当把德育工作放在重要的位置。

　　三支骨干力量提法的形成，有它的历史过程。现在审视起来，我认为是在德育难于贯穿于学校全部教育教学活动的情况下的一种退一步的提法，是中小学德育工作对成年人政治工作体制的简单模仿，也是德育管理干部难于介入学科教学，只得寻求形成相对独立的德育工作体系的产物。

　　要增强教育的实效性，就必须整合学校德育的力量，当然也就必须紧紧抓住学校德育的全部骨干。所以，建立在校长领导下，以学科教师、班主任、团队干部、政治课教师为骨干，由社区和家长参与的德育工作体制，就成为加强与改进学校德育的重要环节。

　　因此我想说，只有学科教师也成为骨干的学校德育队伍，才是强有力的德育队伍；只有学科教学积极参与的德育工作，才是更有实效的德育工作。

德育流程：一个值得重视的探讨课题

德育作为教育目标，既贯穿于教育过程，又体现出教育成果。但在基础教育阶段，影响一个学生思想品德成长的必然因素却又往往令人难以准确把握。所以，一些同志强调德育"回归自然"，主张不要刻意进行什么思想品德教育，把学生思想品德的成长，寄托于环境的潜移默化，采取"无为而教"的态度。不过，多数同志则认为，德育是一个自觉的主动的教育过程，它的教育成果与过程的科学性有着密切的关系，因此，不少学校和教师进行了关于德育流程的探讨。

这种探讨的价值在于，它试图在理论和实践结合的层面上，将德育工作规程化，使其成为为了实现教育目标而进行的实实在在的操作程序，从而进一步提高教育工作者进行德育的自觉性，进一步发挥教育工作者在德育过程中的能动作用。

科学的德育目标体系是德育流程的基础。在过去相当长的时间里，德育目标体系的研究存在着两个问题：一是将德育简单地等同于政治教育，以政治教育的体系代替德育体系，从而造成脱离学生年龄特点的口号式的教育，很小的孩子讲出他们自己不懂、成年人听了好笑的政治口号；二是认为教育要从小抓起，因而将许多教育都纳入学校德育体系，各政府部门甚至社会团体，都希望将自己主管的工作进入学校的教育环节，都希望编写大纲，出版教材，组织活动，结果，德育目标总是在做加法，造成学校德育体系的庞杂和臃肿。

今年 9 月，我参加了日本教科文联盟第 60 次大会，听到日本一个地区在小学进行国际理解教育的体系介绍，受到一些启发。这个地区的小学国际理解教育体系是：一、二年级使学生理解家庭、学校；三年级了解所在城市；四年级了解所在省区（日本称作县）；五年级了解日本；六年级了解世界。这种体系至少体现出由近及远、由浅入深、从具体到抽象、从局部到整体，既符合年龄特点，又符合认知规律，既形成一个完整体系，又有年级分工。我想，这种建立目标体系的原则，值得我们借鉴。

清晰的"德育点"是德育流程的关键。长期以来，德育工作存在的另一个问题是虽有目标，但实现目标有着很大的随意性，想到哪里就做到哪里，想到多少就做多少，想不到也就不做了。特别是在课堂教学中进行德育，更主要是凭教师的自觉。所以，经常是我们说应当进行这样那样的教育，其实，根本得不到落实。

最近，在吉林省长春市的一个区，听到他们关于学科教学"德育点"的研究，很受启发。他们发动各年级、各学科的教师，借鉴抓知识点的教学经验，对所有教材所蕴含的具有德育价值的"德育点"进行挖掘，并经过整理，编印出来，作为教师在教学中进行德育的依据。

这样一来，学科教学的德育目标和内容都具体化了，每位教师的德育责任也都明确了，不仅变成了可操作的，也变成了可评价的。我想，学科教学应当这样，学校的德育基地、传统德育活动也应当这样，都要有明确的"德育点"。

有了德育的目标体系，有了明确的"德育点"，德育流程就有了主线，就有了相对稳定的格局。当然，实际运行必须要因地制宜，与时俱进。

除了教材、德育基地、德育传统活动等稳定的德育资源外，教育环境总会不断变化，会有新的情况、新的问题、新的形式、新的资源出现。将相对稳定的德育目标体系和不断变化的教育环境进行整合，就形成实际的德育流程。

学校和教师把握清晰的德育流程，有利于增强德育的自觉性，有利于增强德育的科学性，有利于增强德育的实在性，是增强德育针对性和实效性的有效途径。

加强与改进学校德育不能只是停留在一般性的号召和提几条原则上，需要研究点实实在在的问题，我想，德育流程的探讨应当是一个值得重视的课题。

假如只给你半小时

一位校长问我，假如只给你半小时参观一所学校，你又想对这所学校的情况有一个基本的了解，你该用这半小时做些什么？我想了想对他说，我不会把时间用来听学校的汇报，仅有的一点时间也不可能进课堂去听一节课，所以，我会用这半小时来做四件事：第一，检查一下这所学校的窗玻璃；第二，看一下学生的厕所；第三，看学生做课间操；第四，听全校学生合唱一首歌。我想，只要学校不是事先花了很多时间进行准备的话，做了这四件事以后，我就大概可以对这所学校的办学水平有一个初步但不失准确的判断了。

一所学校教室的窗玻璃是不是经常保持洁净是一件小事，但可以充分反映这所学校的管理水平。从中我们可以观察到以下几点：一是学校有没有健全的管理制度。因为窗玻璃是需要定期擦拭的，窗玻璃不干净往往是由于学校没有保洁制度，而连起码的保洁制度都没有，我们也就很难想象这所学校的制度是健全的。二是学校执行制度是不是坚决。有了制度，但窗玻璃依然不干净，说明学校的制度形同虚设。三是如果学校有制度但始终得不到落实，一定是缺乏必要的检查和监督。四是如果学校保洁主要靠突击，那么说明学校各项制度的执行没有做到持之以恒。

一所学校的学生厕所是这所学校最容易被遗忘的角落，但它的整洁状况可以充分反映这所学校的文明程度。从中我们可以观察到以下几点：一是学校有没有教育学生养成良好的习惯。培养学生有好的使用厕所的习惯是最基本的养成教育。二是学生养成的良好的习惯有没有达到自觉的程度。因为学生在使用厕所时是无人监督的，因此使用厕所的情况完全可以反映学生是不是能够自觉地遵守公德。三是学生有没有形成正确的文明价值取向。即学生有没有把形成这些良好的习惯看成是文明的、光彩的，而把没有形成这些良好的习惯看成是不文明的、不光彩的。

一所学校的课间操是这所学校每天都要进行的全校性集体活动，做操的状况可以充分反映这所学校的精神面貌。从中我们可以观察到以下几点：一是可以看出学校的一日生活和学习的安排能不能使学生保持良好的体力、精力，学生是否无精打采甚至疲惫不堪。二是学生能不能在运动中展现健美的体态、协调的身姿。三是学生的集体精神面貌是不是朝气蓬勃、奋发向上。

一所学校的合唱水平可以充分反映这所学校的团队活力。从中我们可以观察到以下几点：一是学生能不能把自己融入集体之中。人们常说在合唱中没有"我"，只有"我们"。合唱是对集体主义的最好检验。二是学生能不能自觉地在团队中合作完成任务。合唱展现和谐的旋律，不同声部的和谐体现了每个人在集体中的高度责任感。三是学生能不能为集体创造出的美而感到自豪。合唱表现出的美感是学生整体素养的充分体现。当然，从学生合唱的国歌声中我们更可以感受到学生的爱国情感。

总之，如果在半个小时里，我们能对一所学校的管理水平、文明程度、精神面貌和团队活力有一个初步的感受，那么我想，对这个学校做出一个恰当的评价应当不是一件很困难的事。

当然，了解一所学校绝不是这样简单的事，我也并不主张只采用这种办法来评估学校。但是，我想说的是，一所学校的办学水平或者一个班的管理水平是看得见、摸得着的，素质教育是实实在在的事。我们当然要对素质教育的理论进行深入的探讨，但是，推进素质教育绝不能总是停留在议论上，多做一些推进素质教育的扎实工作，远比空谈许多道理重要得多。

加强与改进学校德育的必然要求

社会主义荣辱观是对社会主义道德标准的高度概括，是公民道德建设和培养社会主义事业的建设者和接班人的重要内容，树立社会主义荣辱观是加强与改进学校德育的必然要求。

德育是学校教育的重要工作，更是学校教育的首要目标。长期以来，不少地区和学校只把德育看作学校的一项专门工作，形成了相对独立于教学工作之外的体系。这样，就使德育作为教育目标的地位变得模糊了，德育成为一部分德育工作者的职责。而实际上，德育作为教育目标，和智育、体育、美育一样，应当贯穿于学校的全部教育教学活动之中，成为全部教育教学活动的首要目标，成为全体教育工作者的责任。因此，树立社会主义荣辱观作为一个教育目标，同样应当贯穿于全部教育教学活动之中，成为全体教育工作者的责任。我们要开展多种多样的宣传教育活动、社会实践活动，但这些活动必须融入学校的整体教育工作之中，特别是要作为一种价值观融入学科教学活动之中，只有这样，才能最终形成良好的校风与社会道德新风。

学校加强德育需要形成稳定的格局和流程，同样，进行社会主义荣辱观教育也需要形成稳定的格局和流程，这是增强实效性和针对性的保证。一些地区和学校虽然强调德育的重要地位，但是，没有稳定的格局与流程作保证，常常是领导布置一下抓一下，遇到问题不得不抓就抓一下，随意性很大。一个好的德育工作格局至少应当包括德育体系、"德育点""德育场"和德育队伍，而一个好的德育工作流程应当是"常"与"变"的有机结合。

学校德育体系由从低学段到高学段的纵向体系和学校家庭社会一体化的横向体系构成。从低学段到高学段的纵向体系，应当体现由近及远，由浅入深，从具体到抽象，从局部到整体，既符合年龄特点，又符合认知规律，既形成一个完整的体系，又有学段和年级分工的原则。学校家庭社会一体化的横向体系则应当是一个以学校教育为主导，以家庭教育为基础，以社区教育为依托的开放型德育体系，形成目标一致、内容衔接、功能互补、关系和谐的三位一体的教育网络。有了这样的体系，德育和社会主义荣辱观教育才有了能够转化为实践的可操作的方案。

学校"德育点"的研究，借鉴了学科教学"知识点"和"技能点"研究的经验。教师把握住"知识点"和"技能点"，就能有目的地开展教学活动；同样，如果把握住"德育点"，就可以有目的地开展德育活动。因此，除了德育课程之外，开掘"德育点"是一些地区和学校加强与改进德育的重要经验。其中包括对各学科教学"德育点"、传统活动"德育点"、行为规范"德育点"、社会实践"德育点"，以及其他教育资源"德育点"的开掘。"德育点"的开掘以及社会主义荣辱观"教育点"的开掘，是落实德育责任、提高德育质量的重要环节。

学校"德育场"的建设，是为了改善与创造良好的德育环境，为学生的健康成长提供阳光和雨露。学校文化建设是"德育场"建设的核心。我们要推进学校物质文化、行为文化、制度文化和精神文化的建设，以体现学校的价值取向，最终使全体成员对学校的主流价值观有一个基本的认同。优化社会环境是"德育场"建设的关键。要通过党委和政府的统筹，实现学校、家庭、社会三个"教育场"的协调一致，包括价值观和教育理念的协调一致、政策制度与目标指向的协调一致、多种教育资源利用的协调一致、多元教育主体所实施的教育措施和教育行为的协调一致。

在学校德育队伍中，德育管理人员、班主任、政治课与思想品德课教师、团队干部当然是重要的力量，但全体教职员工都应当是德育的骨干力量，都有通过教育教学和管理，协调学校、家庭、社会进行德育的责任。学校的德育应当由校长领导，形成全校上下相互配合、步调一致的工作队伍。从某种角度看，只有当全体教职员工都能自觉提高自身的思想道德水平和行为规范水平，都把加强德育当作是自己的责任的时候，增强德育的实效性才不会是一句空话。

在学校的德育工作流程中，"常"就是相对稳定的部分，由相对稳定的德育体系、德育资源、"德育点"、"德育场"和德育队伍组成。而"变"则是指变化着的新的形势、新的动态、新的资源。德育的流程要体现"常"与"变"的有机整合。

社会主义荣辱观的教育为学校德育提出了新的课题，也为学校德育注入了新的活力。以此扎扎实实地加强与改进学校德育，必将促进真、善、美的社会主义道德新风的形成。

在多元中立主导

——坚持社会主义核心价值观的导向

在多元文化背景下，坚持核心价值观的导向，是当前学校德育工作面临的严峻挑战。

价值观是社会成员用来评价事物以及选择追求目标的准则，是决定人们行为的内部动力。个人的价值观形成了个人的价值取向和行为定式，而社会共同认可的普遍的价值标准，就形成了一个社会普遍的行为模式。

改革开放以来，社会价值观多元化促进了思想活跃、观念碰撞、文化交融，对于经济的发展和社会的进步起到了重要的推动作用。但是，由于价值主体、价值标准、价值取向等越来越多元化，自然就会出现多元价值观对社会核心价值观的冲击，在社会转型时期，"核心价值观"与"多元价值观"的这种张力关系将长期存在。

目前学生价值观的现状应当引起我们对价值观教育目标的达成度的反思。一个省会城市进行了中小学生思想道德状况调查。其主要结果是：乐于助人、团结互助、尊老爱幼等传统美德仍为未成年人广泛推崇，但同时显现出中小学生在金钱观念、职业向往和学习目的等方面的很强的功利性。有18.9%的未成年人认为金钱在人的一生中最重要，31.6%的人不愿当普通劳动者。脑力劳动、收入高的职业是中小学生职业向往的热点，普通劳动者的选择比例则非常低。只有23.8%的中小学生选择了现在的学习是为了"将来为祖国多做贡献"，而近 60% 的中小学生把"未来有个好职业、高收入、过舒适生活"作为自己的学习目的。因此，该市相关部门认为，现代教育中"轻道德重智力"问题日趋明显。

西方国家在价值观教育方面的教训值得我们借鉴。新西兰在 2006 年提出重塑价值观教育，这应当给我们许多启示。新西兰以前也和其他西方国家一样主张价值相对主义，认为个人是道德价值标准的创造者和评判者，不存在凌驾于个体之上的价值标准。对于学校而言，没有责任和必要对个体施加价值观影响，学校对价值观教育应该保持中立的立场。但是，价值相对主义给新西兰社会带来了巨大的危机：从 20 世纪 60 年代到 90 年代，虽然新西兰GDP 增长了一倍，政府在教育和卫生方面的投入也有了显著的增长，但与此同时，新西兰的犯罪率增加了 4 倍，青少年自杀率增加了 4 倍，30% 的儿童生活在单亲家庭。2006 年新西兰教育部颁布了 2007 年课程草案，就一改以往的主张，特别强调价值观教育的重要性，提出必须将基础价值观教育融入学校各门课程的教学当中。并且明确提出新西兰的学校应教育学生具有以下八种价值观：追求卓越、创新与好奇、多样化、尊重他人、公正、团结合作、关心环境、诚实正直。从 2004 年到 2008 年，澳大利亚也进行了类似的为期 4 年的价值观教育计划。

教育是价值引导和价值创造的过程，因此学校应当坚持在各种教学活动中，培育学生正确的价值观念。党的十六届六中全会明确指出，社会主义核心价值体系的基本内容是马克思主义指导思想，中国特色社会主义共同理想，以爱国主义为核心的民族精神，以改革创新为核心的时代精神和社会主义荣辱观。社会主义核心价值观是我国民族优秀传统价值观与现代进步价值观的融合，因此，必须旗帜鲜明地坚持核心价值观导向，并将这种导向贯穿于全部教育教学活动之中。教育的重要任务就在于使社会主义核心价值观通过教育活动成为社会的主流价值观。

但是，我们应当看到，现在，在教学活动中能否旗帜鲜明地坚持社会主义核心价值观导向的问题，依然需要引起我们的高度重视。

陶行知先生说过：千教万教教人求真，千学万学学做真人。一位年轻的作家说过一句引起我们对教学活动深思的话，他说：人生的第一次说谎常常是从写作文开始的。其实，几乎所有地区关于社会道德问题的调查报告都说，社会存在的第一位的道德问题是诚信问题。但很少人关注到教育过程中的诚信教育存在着许多不容忽视的偏颇。当前我们注重启迪学生的智慧，注重培养学生的兴趣，这些无疑都是培养优秀人才之必需。但绝不能把智慧的启迪、兴趣的培养与良好道德的形成对立起来。正如一位美国朋友对我说的那样：道德比智慧更重要，如果说智慧应当更多一点，那就是要懂得道德比智慧重要。

当然，我们要正确看待和处理社会价值导向与学生多样化价值观之间的差异与矛盾，应当尊重差异，包容多样，对学生受多样化价值观的影响加以引导和调节。既要启发学生独立思考，又要引导学生明辨是非。

正如美国学者拉思斯（E. R. Louis）在《价值与教学》一书中指出的："每个人都有自己的价值观，每个人都按他个人的价值观行事，学校教育的根本任务在于抓住价值观，发展学生的道德意识、判断和选择能力。要让学生在内部的道德冲突中澄清自己的价值观，反对公式化的说教和死板的灌输。"

刘延东同志在谈到文化问题时说，我们要"在多元中立主导、在多样中谋共识"。我想这应当成为我们进行价值观教育的基本原则。

深化学校文化建设

学校文化建设如今已经不是新的话题，从 20 世纪 80 年代开始就提出这个课题，到 90 年代后，逐步在全国开展起来，学校文化建设的启蒙阶段早已过去了。

北京十一学校在学校改革 20 周年的时候，请教职工代表大会总结学校 20 年推进改革以来积累的文化共识作为学校的文化理念。学校的文化建设，特别是学校的办学理念，开始由教职工共同讨论并且形成决议，这是学校文化建设进一步发展的重要成果。

我们欣喜地看到，很多学校提高了对学校文化建设的认知水平和重视程度，在理论和实践上进行了广泛的探索，在校园环境的建设上取得了很大的进展，也涌现出了一批学校文化建设的示范学校和示范地区。但同时，我们也应该看到，建设学校文化的目的，在不同程度上还存在一些值得关注的问题。比如：有的只是为了树立学校形象和打造学校品牌，这些学校的工作重点大部分都放在了对学校的宣传上；一种只是为了贯彻学校领导或上级的指示，这些学校的工作重点主要是宣传领导本人的观点；一种是为了跟风，因为大家都在做，至于目的是什么，作用是什么，并没有认真地进行考虑；还有一种，是把学校文化当作口头禅，讲了许许多多学校文化的理论，也谈了很多冠冕堂皇的学校价值观念体系，但实际上言行是两回事。所以，我们现在已经越过了学校文化建设的启蒙阶段，进入到了深化学校文化建设的阶段，这一阶段的关键就在于要重视内涵建设。我认为，深化学校文化建设的内涵，重点要抓住以下"四个高"——

一、办学理念的高格调

（一）理念是学校文化的灵魂

首先，办学理念的高格调，应该是文化建设的首要任务。1932年，美国社会学家沃勒就在《教学社会学》里最早用了"学校文化"这个概念，他解释道：学校文化是学校当中形成的一种特别的文化，既有文化的共性，又有它的特殊性。在一个学校，当领导者能够理解、引入并且体现学校文化的时候，就能形成学校文化的需要，而且能够积极地强化。在这个过程中，那些有价值的学校文化就会得到加强，被批评的就会被丢弃。其实学校文化的形成就是这样一个积累的过程。所以，应该说在学校文化建设当中，学校的办学理念是最重要的，这也是学校文化的核心，是贯穿在学校各项文化建设当中的灵魂。

学校理念指什么？指在学校的传统、经历、文化积累的过程中，和学校历届管理人的领导哲学融合在一起孕育而成，并且经过了有意识地概括、总结、提炼而得出来的价值观体系，由办学宗旨、发展方向、发展目标、学校精神等来反映这个学校的价值观。构建学校理念的目的就是要明确学校办学主体思想，树立明确的方向，用它来引领学校的发展，凝聚师生的人心，塑造学校内外的整体形象。

实际上，学校之间的理念共性是很多的，贯彻国家的教育方针，落实国家的培养目标，落实国家的课程标准等等。但是，对每个学校而言，自身的历史积淀、改革的切入点、特殊的价值认同是千差万别的。这些差别，形成了学校的文化特色。无论是学校理念的共性还是特色都应该具有时代性、先进性、激励性、引领性和教育性，这样才能引领和推动学校的发展。

北京史家小学提出了"和谐教育"的理念，不仅是人与人的和谐，还有人与自然的和谐。在整个校园建设中，充分体现了节能减排的理念，太阳能发电系统、风力发电系统、中水处理系统等，使孩子们从小就树立与自然和谐相处的意识。

合肥第二十五中学，这个学校85%以上都是农民工子弟，学校老师以高度的社会责任感提高农民工子弟的教育水平。学校有一幅标语："无山之巍峨，不妨选择一方平地！无海之壮阔，不妨欣赏一条小溪！"引导学生坚定信心，增强自信，体现了这种类型学校的理念特色。

在沈阳农村，有一个朝鲜族小学，在院墙上，画了56个民族的少年儿童穿着民族服装的画像，还有世界各个国际组织的标志和世界各个国家的国旗。老师们还将各国国旗做成小卡片，让孩子们来辨认。他们的办学理念就是要使朝鲜族农村里所有的孩子明白，朝鲜族是中国56个民族中的一个，而中国是世界大家庭中的一员。

（二）学校文化的实质是人的文化

文化，有许多不同的解释。其实从根本上来讲，是指人适应环境以及把这种适应传到下一代的能力，是以"人"为主体的。学校的理念应该是以提高人的素质作为根本，把着眼点放在"人"上，这样才能够达到凝聚人心、树立理想、激发热情、提高行为品质、塑造良好形象的目的。美国石油大王洛克菲勒在写给儿子的信里有句著名的话："如果你视工作为一种乐趣，人生就是天堂；如果你视工作为一种义务，人生就是地狱。"同样，一个学校文化和理念建设的重要检验尺度，就是学校里的师生是否充满了学习、工作、合作和自我发展的激情，这也是文化建设重要的目的和作用。所以，学校文化建设应该提升师生理念的认同感，增强师生的成就感，引领师生的正确价值取向，加强师生的责任感，从而激发师生高度的热情。

（三）教学倦怠应该给予更多的关注

说到这里，不得不涉及一个问题，那就是教师的职业倦怠和学生的厌学情绪，这是当前大多学校发展的主要障碍。现阶段，外在压力已经成为师生发展的主要动因，教师的职业倦怠和学生的厌学情绪在相当程度上也是由外在因素造成。有人说，要通过加强管理，来解决教师的职业倦怠和学生的厌学情绪，也就是进一步加强制度建设——检查评比和增加处罚，用再施加压力的方法来减轻压力。实际上，这会造成恶性循环。北京市做过一个关于教师价值取向的调研，其中有一项是教师的职业认同感，也就是说教师是否喜欢自己的职业。报告出来以后，很多指标让人吃惊，在市、区两级的骨干教师中，有 23.5% 的教师说，现在不喜欢自己的职业。这个百分比比 1998 年提高了近 3 倍，说明教师的职业认同感开始降低，甚至骨干教师也不喜欢自己的职业。正如很多老师说的："教了一辈子书，到现在第一不知道怎么教书了，第二不喜欢教书了。"这些，都应该是学校文化建设中特别需要关注的问题。

21 世纪，特别是近几年以来，在企业管理中出现了一种理论——"心理资本理论"。这种理论认为，在企业里，有一种看不见摸不着的资本，越来越显出它的重要作用，它会把各种实物资本的意义都调动起来，产生更大的效果。实际上，"心理资本"就是指一个人成长和发展过程中所表现出来的积极的心理状态。这里有很值得我们借鉴的东西，那就是应该关注师生的心理因素。关注心理并不是总盯着师生的心理障碍，而是要想办法使人们过得更快乐，工作和生活更加平衡，更趋近"积极心理学"的理念。

弗雷德·路桑斯教授提出把心理资本概括为四种正向的引导力量，也就是强调四种积极的心理状态。由这四种状态的英文第一个字母组合在一起成为一个词：HERO，英雄。H 代表"希望"：在面对工作和学习的时候，坚持不懈，注重学习，敢于学习；E 代表"信心"：对成功的一种自信，相信自己拥有能力获得成功；R 代表"韧性"：能够经受冲击，面对失败，并很快从失败中恢复；O 代表"乐观"：通过严格要求自己，分析自己，获取一种能力，始终保持乐观。这种希望、信心、韧性、乐观就组成了一种心理资本。我们在推动学校发展的过程中始终要重视这样一个道理，使学校的每个人都产生这种积极的心态。学校文化的建设应该努力创造一个使大家快乐的环境，而不是让大家都被迫去工作、学习。师生不是改革的对象而是改革的动力。

二、校园环境的高品位

近些年来，我们的校园建设取得了很大进展，很多校园建设得都很美丽，但我觉得，当前深化学校的环境文化建设，需要注意三个问题：

一是环境的协调。校园环境的布局、色彩、装饰应该和学校文化建设的主题以及办学理念一致，配合得当，这样才能反过来强化学校的理念。

浙江宁波江东区的黄鹂小学，是城乡接合部的一个基础薄弱的小学，现在名气很大。这个学校的"三棋文化"，就是把围棋、象棋、国际象棋文化引入学校。不仅三种棋类活动开展普遍，而且深入探讨棋文化的内涵，包括冷静思考、坚忍不拔、尊重对手等许多好的品质，都渗透在校长、教师的行为当中，渗透在平时教学当中，形成了一种传统。同时，校园环境凸显棋文化的鲜明特色。

四川成都金沙小学是一所新兴的名校，地处金沙文化遗址。全校都贯穿着以这个历史背景为主题的"太阳鸟精神"的学校文化，四只大鸟飞向太阳的金沙文化的标志也成了学校的标志，每间教室和活动室门窗，校园里的每个雕塑，甚至角落的停车处都可看到飞翔的太阳鸟。

二是环境的功能。环境的设计应该为教学服务，但现在很多设计单纯是发挥向外来者展示的功能，压缩了学生的活动空间。有的学校在楼道里摆一架钢琴，当然美，对来访参观的人说"课间学生就可以弹钢琴"，实际上学生讲"课间就不允许我们弹"。还有很多学校做得非常美观的地方，学生都是不能进去的。学校的环境要为学生提供最大限度的活动空间，最大限度地体现环境的教育功能。

温州市第五幼儿园，提出"三玩"课程文化，就是玩水、玩沙、玩泥，通过"玩"，玩出健康、玩出智慧、玩出个性，充分体现他们办园理念的先进性和实效性。整个幼儿园的环境就为"三玩"服务：用450平方米的面积做了玩沙池，让孩子玩沙，有游泳池供学生玩水，陶器制作室供学生玩泥。环境建设充分体现了他们的办园理念。

很多学校的墙壁上挂的都是科学家、艺术家的画像，在济南的历城第二职业学校，车间就是课堂，车间的墙上挂的是著名的技能型大师的画像和各大企业的形象，为职业学校的学生树立了他们的榜样和偶像，增强与所学专业相一致的行业意识。充分发挥环境的教育功能。

三是环境的格调。苏霍姆林斯基说"让每一面墙都会说话"，很多同志误解了这句话的意思，认为每一面墙都要说话，就是在每一面墙上都写上话，所以有些学校每面墙上都是口号、标语、名言或者诗句，试想学生在学校要生活三年甚至六年，每天看这些话，是会产生厌倦的，何况有些话，只是为了给参观者看，并不适合学生的年龄特点。高的格调不在于说了多少话，而在于为学生创造了具有高品位的氛围。

三、学校制度的高效率

学校的理念，应该体现在学校的制度文化建设上。当理念体现在制度上的时候，才能产生稳定性和可持续性。学校的制度文化建设最主要是体现"和谐"，和谐是同一性、包容性和调适性的统一，学校制度应该遵循这三者的协调和互补。

首先，制度建设要体现同一性，也就是学校大多数人都能认同和遵守。

要完善教师的道德规范，引导学生遵循行为准则，还有其他的一些需要共同遵守的规则，只有这样才有可能体现同一性。就好比一场足球比赛，如果赛场上每个人都有自己的规则，这个比赛就无法进行。包容性是在这个前提下，也要体现尊重个性，尊重人的不同观点，尊重人的多样化发展。同时，调适性是指在矛盾出现的时候，善于调适和化解，从而不使矛盾激化。

日本丰田公司倡导"精益管理"，非常值得我们借鉴。精益管理就是剔除一切不必要的管理环节来提高效益。而我们常常是一提到要提高效率就想到加强管理，一想到加强管理就是多定制度，多搞检查评比……如果认真梳理一遍，会发现学校很多管理制度、环节、方法是不必要的，甚至是自相矛盾的，结果给教师增加许多负担，反而降低了效率。比如，有的学校提倡数字化管理，所有的老师的教育教学资料都在电脑里面，直接调取资料，效率很高。而当上级来检查的时候，领导说资料都在电脑里边我无法看，没有办法，又花时间把电脑里面的资料打印出来装订成册。长期以来，我们的管理者不是为一线人员服务，而是反过来一线人员为管理者服务。真正的良好的学校制度建设应该创造条件引导大家去做一些有目的、有效率的事，而不是只让大家忙得团团转。

四、行为文化的高标准

学校理念最终落实在学校的行为文化上，学校行为的外延涵盖学校活动的整个过程，大到学校领导的决策，小到学校每一个学生的学习生活，从学校的全部日常活动，到学生行为习惯的养成，学校理念的差距，在行为上能够很好地体现出来。

我们去参观哈尔滨医科大学的逸夫学校，学校四层楼房的墙壁上，都是学生活动的照片。校长告诉我们，学校一千多位同学都可以在照片上找到自己的笑脸。这就是学校"以学生为本"理念的具体体现。

　　我参观过日本东京一所私立幼儿园，这个幼儿园的条件很好，但却要求学生每天自己带水和午餐。校长说：要让家长知道，孩子需要老师和家长一起来关心，每天家长只要想到要给孩子准备午餐和水，他也就想到自己对孩子的责任。这所幼儿园还有一个特点：每天早上孩子进班后，要坐下闭目静思两分钟，下午放学之前也要静思。我就问："小孩能想些什么呢？"老师说："孩子现在可能想不到什么，但他们应该养成一种习惯，在以后的生活中，每天静下来反思一下。"这些都是学校理念蕴涵在学校行为文化中的体现。

五、结语

　　我们常说，有一位好校长就有一所好学校，但常常是这位好校长离开以后，这所学校就不那么好了。因此，真正的好校长应当在你离开这个学校以后，仍然给这个学校留下可持续发展的动力。什么是学校可持续发展的动力呢？我想最主要的是学校文化，学校文化通过两种方式来推动学校的持续发展，一种是通过学校文化的不断创新来保证学校适应时代的要求，另一种是通过学校文化的传承，来发扬学校的优秀传统。因此，深化学校文化建设，不仅是当前也是学校长远发展与改革的重要课题。

扣好人生的第一粒扣子

习近平主席强调要引导青少年扣好人生的第一粒扣子。教育怎么才能够帮助孩子们扣好人生的第一粒扣子呢？我觉得重点就是培养好的习惯。

陶行知先生说过：教育是什么？教人变好了是好教育，活教育教人变好了，死教育教人变死。叶圣陶先生说：教育是什么，往简单方面说是培养习惯。幼儿教育要为人一生打基础，必须重视培养幼儿良好的习惯。

习惯是一个人素质的外在表现，是指长期养成的相对定型的反应倾向、思维方式和行为方式。这对人的一生是非常重要的，因为习惯不是单一的素质，反应倾向影响着我们的价值取向，思维习惯影响着思维方式，行为习惯影响行为方式，所以习惯是基础素质重要的体现。比如说，面对飞驰而来的汽车，张丽丽老师把学生推开的时候，有没有经过复杂的论证过程呢？没有。就是一种习惯性反应，看见车撞过来了，马上推开学生。还有一位老师，地震的时候他自己先跑了，所有的学生扔在教室，那个时候有没有思考的过程呢，也没有，就是习惯性的。还有全国最优秀的司机吴斌，突然负伤之后仍然把车开在路边，保证了车上所有人的安全，他牺牲了。这个时候有没有复杂的思考过程呢？没有，就是一种习惯的反应。这种习惯性反应体现了一个人的价值取向。

有一个小学设计了一道数学题，题目是这样的：一条船上载了25只羊、19头牛，还有1位船长，根据已知条件，求出船长的年龄是多少？就这道题，在每一个年龄段抽了 20 名学生进行测试，结果发现高年级的学生多半都有答案，中年级的学生有答案和没答案人的数量差不多，这个船上的羊的只数和牛的头数和船长年龄没有必然关系，根本得不出正确的答案。这就是思维习惯，遇到一道数学题，高年级学生的思维习惯是一定有答案，所以我想不出来那就说明我没本事，这是定性思维模式。一张纸如果对折，最多可以折多少次？把这个问题问了美国学生和问了中国的学生，中国学生马上想到，无数次，从推理角度来看，一张纸当然可以折无数次，这是思维习惯，遇到一个问题，我推理得出结论。问美国孩子，他们会拿一张纸去实验，发现折了七次八次后基本不能再折了。这也是一种思维习惯，遇到问题要实际操作一下，再得出结论，而不是简单地给出答案。这就是不同的思维习惯。我们很多时候往往受制于惯性思维，惯性思维能够帮助我们迅速地认知这个世界，也有助于遵守社会规则，但是受制于一种刻板思维，就难于突破常规，进行新的创造。

乌申斯基说过一句话，好习惯是人在神经系统中存放的资本，这个资本会不断地增长，一个人毕生都可以享用它的利息，而坏习惯是道德上无法偿还的债务，我们在幼儿教育阶段，是给他培养好的习惯和好的资本，还是欠下一笔坏习惯？

那么，如何培养好习惯？培养好习惯最后要落在"内化于心，外化于行"。最近在网上流行一段美国版的弟子规，我想可以供我们参考，美国孩子需要掌握的 25 种基本礼节，这些都是非常具体的，比如说向别人询问事情，要说请，借东西的时候要说谢谢，门关着的要敲门之后，等候回音再进去。比如说收人礼物，应该说谢谢，不要给别人起绰号等等。这些最基本的行为规则，作为他们的弟子规，非常可行。

爱因斯坦说过，如果人们已经忘记了他们在学校里所学的一切，剩下的就是教育。受教育过程中真正剩下的是什么？是习惯。高尚的道德也好，科学的思维也好，良好的行为也好，最终归结为习惯。习惯是怎么养成的，习惯受潜意识的支配，而意识的积累就会成为潜意识根深蒂固地埋进大脑，不断地积累形成自己的认识。

从养成教育来看，首先要引导，让孩子知道应当怎么做，包括安全教育，让孩子们实际操作，看看发生情况的时候应该怎么做，应该说哪些话。再一个是示范，示范就是要让孩子看，到底怎么做，告诉孩子们，应该怎么样，不应该怎么样，怎么样遵守交通规则。再一个是模仿，让孩子学会做，比如说怎么穿衣服，怎么取食物，怎么洗手。日本的一个幼儿园里，每一个椅子上有一个垫子，这个垫子是家长做的。这个垫子到底怎么用？老师跟我讲，这个垫子可以打开，只要是地震一发生，孩子们立刻把垫子打开，顶在头上，这也是一个好习惯。这也是日本的地震比中国次数多，伤亡人数却比较少的原因。

培养孩子养成好习惯，离不开鼓励。儿童自身有他的天分，有他的潜质，应该尊重孩子，而且能够发现孩子身上的优点，从而给他编成故事，来帮助他，这个是培养孩子良好习惯很重要的方式。激励对于孩子养成习惯是很重要的，要把激励融入日常生活中。

一个幼儿园应该有自己的一些标志性习惯，用一些标志性的习惯，带着多种习惯的培养，增强园所集体观念，共同培养习惯，形成园所的品牌效应，积累培养习惯的经验。比如说我在日本看了一个幼儿园，这个幼儿园叫作静思，入园有一分钟的静思，放学之前也有一分钟静思。这么小的孩子闭着眼睛能想什么？该幼儿园的负责人说，现在不知道他们在想什么，但是他们会知道一天应该有一点时间需要想一下。这种静思的习惯，并不是所有园要做，但是这个园的标志性习惯，就变成这个园的特点，就是让孩子们学会一天有一点时间静下来思考。

从文化角度说，幼儿园文化就是幼儿园生活的形式和习惯，良好的习惯养成是建设幼儿园文化的重要载体，也就形成了幼儿园的教育生态，教师与孩子在这种教育生态中共同成长。

"向上"与"向善"

2015年恰逢许多学校"大庆"，聚会比往年多。我的同学也好，学生也好，现在年龄都不小了，相当一部分已年逾古稀。虽然大家都已白发苍苍、满脸皱纹，但我依稀可见他们当年风华正茂时的风采。大家悼念已过世的老师和同窗，怀念一起度过的青春岁月，有欢乐，也有无限的感慨。

也许是多年从事基础教育工作的缘故吧，有个问题始终萦绕在我心中。我们常说"基础教育是为人的一生奠基"，但以前仅囿于一种推理。而我的同窗和学生大多已度过了一生中的大部分时光，他们最有资格来回答究竟基础教育对自己的一生有什么作用。于是，我不止一次地在聚会的场合向大家提出这个问题。

聚会时，大家谈论最多的是在学校时的生活琐屑、自己受到的种种感染和熏陶，很少有人谈到那时所学的课程和知识。大家在回答我的问题时，虽然表达方式各异，但概括起来，大多就是两个关键词："向上"和"向善"。我忽然感悟到，这两个词可能就是基础教育为人的一生奠基的作用之所在吧。

这些走过漫长人生道路的同窗和学生们，几乎都经历过许多坎坷和失败，因此，他们把人生比作一次攀登。在攀登的过程中，每个人都会遇到绝壁悬崖、乱石滑坡，有时还会遇到雷电交加、雨骤风狂，爬上去又跌下来是常事。他们说，是青少年时期在学校里形成的"向上"的意志和信念，使自己始终无怨无悔，永不言弃。他们走到今天，都为自己在人生之路上没有退却而引以为豪；而这，也是他们幸福感之所在。

最近，美国一些学校进行的一种性格教育即"Grit 教育"的改革试验，引起教育界的广泛关注。Grit 的本意是石砾，Grit 品质是保持对长期目标的持续激情及持久耐力，是不忘初衷、专注投入、坚持不懈的精神，是包含了自我激励、自我约束和自我调整的性格特征。"Grit 教育"认为：决定孩子成功的最重要的因素，不是我们给孩子灌输了多少知识，而是我们是否帮助孩子获得了 Grit 的性格特质。他们认为，一个六岁的孩子是否知道"3 + 2 = 5"根本不重要，重要的是，他是否愿意在第一遍回答成"3 + 2 = 4"后重新尝试，直到得出正确答案。他们说，我们应教会孩子的不是要跑得多快，而是要在摔倒后站起来继续跑，哪怕他是最后一名。

我想，这也就是"向上"精神的体现。Grit 精神的培养可以为我们的教育改革提供借鉴。

大家谈到的另一个话题就是"向善"。这些人有的从事行政工作，有的从事科研和教学工作，有的经商，有的行医，还有的一直就是家庭主妇，但他们都没有感到遗憾的是，自己一辈子都是好人。我想，"一辈子做好人"，也应该是基础教育为人的一生打下的最重要的基础吧。

"一辈子做好人"从根本上说取决于正确的价值观，以及与价值观密切关联的良好的反应倾向、思维习惯和行为习惯。新中国成立以后，我们倡导的社会主义主流价值观曾贯穿于中小学的全部教育教学活动中，这为几代人奠定了道德修养的基础。后来，经过两次大的冲击，价值观变得多元了。这在一定程度上开阔了人们的视野，但也在相当程度上削弱了社会主义主流价值观的主导作用，削弱了学校教育在立德树人方面的重要作用。

由此我想到当前加强民族优秀传统文化教育的重要意义。习近平同志指出，中国传统文化博大精深，学习和掌握其中的各种思想精华，对树立正确的世界观、人生观、价值观很有益处。《礼记·大学》中说："大学之道，在明明德，在亲民，在止于至善。"这里的"大学"就是修身之学，是使人成为道德上的完人之学。对"止于至善",学者们的解释虽然不尽相同,但基本精神都是要通过道德修养而达到并保持人类最高的善。通俗地说,就是要做品德最好的人。而要达到这一境界,就必须修身。修身是人生的基点,是我国传统文化的精髓之一。《大学》认为,"齐家、治国、平天下"的根本即在于修身。因此我想,学校进行民族优秀传统文化教育不也应从引导学生修身开始,为他们一生向善打下坚实基础吗?

习近平同志在北京大学考察时,曾勉励青年学生"人生的扣子从一开始就要扣好"。我想,如果我们的基础教育能够为学生"向上"和"向善"奠定基础,那大概就是帮助学生扣好了人生的第一粒纽扣。而这,也正是基础教育价值的真实体现。

课堂·赋予生命的价值

新的理念　新的方法　新的课堂[①]

　　读了本书的一部分文章，新的理念，新的方法，新的课堂，确实给人耳目一新的感觉。我很为每位教师的创新精神和求实态度所感动，更为一所学校整体推进教学改革所取得的成绩感到高兴。

　　教学改革是全面推进素质教育的关键，只有课堂教学面貌发生深刻变革，才有可能使素质教育的清泉通过课堂主渠道得以畅流。加强课外教育当然是必要的，但一段时间内，有些同志认为实施素质教育的重点应当放在课外，提出"课内打基础，课外提素质"的口号，一时间，课外、校外活动风起云涌，各种贴着素质教育标签的活动，都来抢占学生的课余时间，使学生应接不暇，而课堂的面貌却依然故我，素质教育实际上成了一番空话。又有一段时间，针对学生课外学业负担过重的情况，提出了"减负"的具体要求，这当然也是必要的，但有些地区以减负为唯一标准，结果课堂教学质量没有提高，负担实际还是减不下来，课外、校外的各种补习班如雨后春笋般出现，就是一个明显的例证。

　　教育，特别是基础教育，在相当长的时期内，仍要以班级作为教学活动的基本单位。因此，推进课堂教学改革，全面提高课堂教学质量，是实施素质教育的重要任务。任何一个有责任感的教育工作者，都应当为此而努力。

---

　　① 本文原为给《新课程　新理念　新方法》所作的序言。

但正如素质教育是一个系统工程一样，课堂教学改革也是一个系统工程。123中学重视从理念到方法，再到课堂面貌的系统的改革探索，揭示了教育创新应当遵从的规律。

作为为经济发展和社会进步服务，同时也为人自身发展服务的教育，先进的教育理念必须适应经济发展、社会进步和人自身发展的需要。当人类已经进入 21 世纪的时候，社会的发展和人自身发展应当互为前提和基础，这一点已逐渐形成共识。而人通过学校教育可以获取一生发展所需的知识这种状况已成为历史。因此，教育所承担的任务，自然需要从让学生掌握必需的知识，向使学生具有健全的人格、学习的能力、创新的精神等可持续发展的基因转变。这就要求我们必须实现教育观、质量观、人才观、学生观的创新，并由此建立起符合素质教育要求的教学论和学科教学论。

方法是理念与实践的中介。方法的创新既是理念创新的体现，又反过来丰富和强化新的理念。新的教学方法凝聚着对传统的继承与发扬，凝聚着创新者的心血与智慧。我们要高度重视对教学方法的探究，大力支持教学方法改革的实验。应当说，让使惯了短刀的人，改用长矛，不是一件容易的事。让教师放弃几代人在三尺讲台上使用过的教学方法，而进行新的探索，确实需要勇气。何况我们最终的追求是要建立起适应素质教育需要的教学模式。我敬佩在教学第一线进行改革创新的教师们，我同样敬佩鼓励、支持教师们进行教学改革的具有高度使命感的学校领导干部。

课堂教学面貌是一个学校教学改革最为生动的体现。教育理念、教育方法都通过课堂得到了无言但是真实的陈述。课堂教学的水平归根结底取决于教师的水平，取决于教师的实力、能力、潜力、活力和魅力。因此，一位优秀的校长一定要把促进教师的发展放在学校工作的最重要的位置，要创造条件使教师将工作、学习和科研紧密地结合起来，率先踏入学习化社会；要使每位教师永远是一个学习者、创新者，这样，他才有可能成为一位好的教师，才可能把先进的教育理念转化为成功的教育实践，才可使素质教育的理想真正成为可贵的现实。

从理念到方法、从方法到课堂教学实践，扎扎实实地推进教学改革，123中学的这本书确实给了我们很多有益的启示。

也谈课堂教学的流畅性

流畅性是评价一堂好课的重要标准，但人们对流畅性的理解却往往存在着很大的差别。

流畅通常理解为流利、通畅。我们经常可以听到这样一些观摩课，教学的过程环环相扣，教师的语言似行云流水，师生的呼应如珠联璧合，我们没有发现一分钟的浪费，也没有发现一点预想不到的周折，一节课就如一个精雕细刻的艺术品。当课堂教学尚停留在"教师讲，学生听"的传统模式时，这应当说算得上是一堂流畅的好课。

但是，当我们把课堂教学看作是师生共同活动的过程时，我们就感到必须赋予流畅性以新的理解。

我听过一节职业学校的烹饪课，教学内容是煎炸食品，实际操作的是"炸香蕉"。教师作了简要说明以后，在锅里放了油，然后，等待油温适度。教室里坐满了各地来听课的人，但好长时间，教师一句话没说，只是不慌不忙地试油温。学生们诧异地屏息观看，听课的同志也渐渐地为这种冷场感到尴尬。我心里在想，从组织教学角度看，这个时间完全可以讲一些其他内容，何必空等。最后，当油温适度时，教师完成了煎炸教学。总结时，教师说：大家要永远记住，在任何情况下，煎炸食物的关键在于保证油温适度。这节课已经听过很久了，但我却从教师的教学过程中，牢牢地记住了这个结论。我相信这节课肯定也会给同学们留下深刻的印象。所以，从形式上看，这节课未必算得上流畅，但却深刻地告诉我们，课堂教学的流畅性首先就表现在顺利地达成教学目标的实际效果。

我听过一节小学二年级的语文课，课文内容是讲一个孩子得了传染病以后被隔离，他的同学们在一个气球上画上笑脸，把气球升到这个孩子的病房窗外来表达他们的关切之心，这个孩子看着窗外的"笑脸"笑了。这节课教师采用多种方式组织教学，提出了一系列问题让学生们讨论，学生们都一一给出了满意的答案，一节课的进程就像无障碍通道，可谓流畅之极。当我问旁边的几位同学，课文最后的"笑脸"为什么加个引号，他们却一个人也回答不上来。我不是说这一堂课一定要讲引号的用法，但我想，课堂教学的流畅性不在于重复学生已知已会的内容，而应更多地关注怎样引导学生解决未知未会的问题。

我还听过另一节小学二年级的语文课，课文内容是讲小狗跑到雪地里，雪地里留下了小狗的脚印，小狗说"我会画梅花了"，小鸡跑到雪地里……教师字词教学有独到之处，讲解十分生动，学生十分活跃，教学进程总体顺利。但有一位同学提出意见说："不应当说'雪地里'，应当说'雪地上'。"教师犹豫了一下，未予回应。我想可能教师事先没有思想准备，怕打乱原来的教学设计，从而搁置了学生这样一个有意思的见解。但我想，课堂教学的流畅性不仅在于原有教学设计的顺利实施，更在于对学生提出的见解的尊重和讨论，从而引导学生构建新知识。

在探讨信息技术和课程整合的过程中，很容易出现一种情况，那就是由于需要做好多媒体软件应用的准备，而不得不将整个教学过程较为严格地程序化，这就造成教师的主导作用和学生的主体作用常常被限制在已经设计好的程序之内。我听过一节初中的语文课，课义内容是南京大屠杀，整节课师生都沉浸在悲愤之中，是很成功的。但教师展示的供讨论用的多媒体资料，把课文中的"扬弃脏物"，写成"扬弃赃物"，把"令人毛骨悚然"，写成"另人毛骨悚然"。这种笔误，在目前发行的多媒体软件中比比皆是，问题在于语文课堂上竟没有一位同学指出这些错误。同学们绝不会看不出来，我想，很可能也是为了配合教师保证观摩课的"流畅性"。课堂教学的流畅性如果变成对教学设计的机械维护，以致削弱了学生提出问题、指出错误的热情，那将是一种盲目追求"流畅"的悲哀。

所以，教学的流畅性取决于教师的学科素养，好的教学不怕有坎坷，善导则流，善疏则畅。只有善于将课前的教学设计和临场的应变能力紧密地结合起来，将预定的教学目标和学生问题的解决以及创新精神的培养紧密结合起来，从而取得提高学生素质的实效，才是我们所追求的流利与通畅。

从战地黄花想到的

曾经听过苏联卫国战争中的一个小故事。前线的工事里,战士们坚守阵地已经几个月了,其间,击退了德军一次又一次的进攻。他们面对的是饥饿、寒冷和疲惫。一天,一个战士忽然发现弹坑边有一棵小草,在风中瑟瑟地抖动,草尖还顶着一朵小黄花。于是,他冒着生命危险,把这棵小草移栽到工事的透气孔旁。所有的战士都像爱护亲人一样关心她,为她培土,浇上仅有的一点点水。终于,小黄花绽放出了笑脸,给坑道带来了无限的生机与活力,而战士们也仿佛感到了浓浓的春意,他们充满了对未来的向往,增强了胜利的信心。

生活的情趣是多么重要!情趣是对生命的热爱,是对前途的信心,是对自我价值的欣赏,也是对和谐相处的认同,是愉快的心情,更是一种崇高的品格。

在市场经济大潮中,不少人对金钱的关注超过了对人品的关注。于是,无情的市场规律取代了有情的生命价值,技术规程取代了品德操守,急功近利取代了生活情趣。许多教育工作者都为在这种环境里耳濡目染的年轻一代的健康成长担心。

于是,在推进素质教育的进程中,情趣教学诞生了。它起初的目的是使教师的课堂教学充满情趣,以激发学生的学习兴趣,从而形成生动、活泼、主动学习的局面。后来,又逐渐深化,由情趣教学向情趣教育转变,即将培养学生的情趣贯穿到全部教育活动中，使学生的思想道德素质、科学文化素质和身体心理素质都能全面提高，从而实现全人教育。

这是一项了不起的实验，这项实验的深化又是一种了不起的提升。我想，这真是站在了素质教育的前沿。最近，在山东青岛市市南区实验小学，我看到了这项实验前进的足迹。

课堂教学的生动活泼，校本课程的丰富多彩，校园环境的童趣盎然，人与人之间的相互尊重，这一切当然让我兴奋。但是，特别使我受到鼓舞的是学校推进情趣教育的基本理念：没有有情趣的老师，就培养不出有情趣的学生。

因此，学校把情趣教育的着力点放在了教师情趣的培养上。我虽然只在学校里停留了两个多小时，但已经深切感受到这一理念的力量。

走进体育教研组办公室，墙上挂着一张张运动员的大幅精美照片，我最初以为是些著名的体育明星，后来才知道，那是学校每位体育老师在展示自己的运动专长。走进美术教研组办公室，墙上是巨幅的剪纸，洋溢着浓郁的生活气息，那是美术老师的集体杰作。音乐教研组办公室墙上有在海边演奏的女孩子们的倩影，那上面的主人公可不是女子十二乐坊的姑娘们，而是本校的音乐老师。每一个年级组办公室的墙上挂着一个时钟，周边镶着的照片上是全组教师快乐的笑脸……

他们的工作和生活就像他们办公室的"打扮"一样充满着情趣，正如一位老师所说："我有两个家——学校和家庭，我在两个家里体验生活的乐趣，体现生命的意义。"老师们既孜孜不倦又津津有味地在学校这个"大家"里工作和学习。这种快乐的情绪，毫无疑问会深深地感染学生。

这所学校为老师组织了许多情真意切的活动，也于细微处渗透着对老师的人文关怀，更为教师搭建了一个和谐发展的平台。所以，我要在他们的理念的基础上再加一句话：没有有情趣的校长，也就难有有情趣的老师。

由此，我又想到广东中山博文学校的校长对我说的话。他原来和学生在一起时，学生总是很拘束。有一次，他在校园的湖里钓起了一条十三斤重的大鱼，围观的同学欢呼雀跃，赞叹不已。从此，大家都把他看成非常有情趣的人，与他交往时变得无拘无束了。

　　"战地黄花分外香"，愿我们的校长都有这样的格调，老师都有这样的品位，这样，学生才可能有良好的心态和高尚的志趣。

理想与现实

——高中课改漫笔之二

世界上没有理想的教育，但是每个国家在不同时期都会有自己的教育理想。我国中小学课程改革的目标，勾画了现阶段教育理想的蓝图，而课程改革的进程正是我们由教育现实朝着教育理想前进的轨迹。

理想即对现实的超越，因此，它源于现实又高于现实，理想与现实之间存在差距是自然的，也是正常的。课程改革的顺利推进，要求我们能够以较小的代价，不断创造由现实走向理想的条件，加快改变现实的步伐。因此，在目标确定之后，制订课程改革的实施策略是至关重要的。

客观而冷静地分析现实与理想的差距，是制订课改策略的先决条件。我国的课程改革实际上是由两个主要部分构成的：一是课程理念的设计，课程标准的制订，教材的编写与审定以及评价制度的建立；二是课程改革的具体实施，包括实现文化观念、办学条件、队伍建设直至教学面貌的实际转变。

我国课程改革的总体方案体现了实施素质教育的宗旨。但是，由于实验的周期短，推广的速度快，所以，从课程标准到教材都有一个不断成熟、不断完善的过程。也因此，我们的课程改革将会呈现从不成熟到逐步成熟、从不完善到逐步完善的发展过程。在这里，及时总结已有的实践经验，进一步吸收国内外丰富的教学改革成果，充分听取各方面专家和教师的意见与建议，适时地修改好课标与教材，是使现实逐步接近理想的重要环节。

当然，现实与理想的差距更多地体现在不同地区和不同学校中，其中，社会文化观念的陈旧、办学条件的不足、师资水平的不适应以及评价体制的不协调乃是最突出的矛盾。

多年来，社会文化观念在相当大的程度上停留在认同以应试为唯一目标的教育模式之中，而现实的劳动人事制度和人才选拔制度，并没有成为推动观念转变的积极力量。由此，党委和政府的政绩观、学校的业绩观、教师的教学观都难以真正突破应试文化的桎梏，教师经过学习后所实现的观念转变也极易在后续的改革实践中回潮，甚至可能出现课程改革的方向向"应试教育"的回归。

课程的实施需要必要的办学条件的保证。实现课程改革的目标所需要的办学条件显然与传统的课程设置和以传授知识为主的教育模式所需要的办学条件不同。但是，实现这种办学条件的转变是一项十分艰巨的任务。比如加大学生自主选学课程的力度是课改方案的重要内容，它有利于学生的个性发展，但开设选修课程需要场地、设备和能够胜任的教师，不具备这些条件，就难以真正提供学生自主选课的权利。又如，参加社会实践是课程改革的又一突出特点，它有利于学生的社会化和实践能力的培养，但这需要得到社会力量的支持以及安全的保障，若不具备这些条件，社会实践也会走过场。

课程改革第一线的实施者是教师。教师教育观念的转变是实施课改的关键，但是即使教师的教育观念有了变化，课改在推进过程中仍然可能遇到很大的困难，甚至可能在一段时间内出现这样的现象：不仅课程改革的意图难以实现，学生的负担没有能够减轻，而且给教师带来了巨大的压力。其原因在于：在改革初期，教师的知识储备和能力积累不适应新课程教学内容与方法的要求，再加上高中课程的设计是建立在小学和初中课程改革基础上的，而相当多的学生并没有在小学和初中阶段完成按新课改要求的应有的知识和能力储备。

最后，应特别强调指出的是：对高中课程改革影响最大的还是高考制度的相应变革，而高考制度的变革可能在相当长的时间内滞后于高中课程改革的目标与要求。所以，高中课改后出台的高考方案仍然可能成为高中教学的实际的指挥棒，这是我们应事先有思想准备的。

清醒地认识上述的现实与理想的差距，当然绝不是让我们在这些差距面前畏葸不前，而是要求我们具有冷静的头脑，以创业者的姿态发挥主观能动性，为创设课程改革所必需的条件而积极作为。其实，举凡所有的各种改革无不是在创造缩小现实与理想差距的条件中进行的。说到底，要是没有了这种差距，我们本来也就无须改革了。

著名教育家敢峰同志在反思他的教育改革实践时写了一首感怀诗，诗中说："清高岂能济世，正确未必成功。有志尚待磨砺，浪急更需从容。"我想，这表达了对改革的深刻的认识和作为一个改革者应有的胸襟。正确的理念还需要有正确的实施策略作为保障。我们这一代教育工作者应当以从容的气度面对改革的险阻，以坚定的意志和坚持不懈的努力争取改革的成功。

变化与进步

——高中课改漫笔之五

高中课程改革的启动，是一场新的变革的开始，是高中教育活动的一次重大的创新。从实验区的情况来看，教学面貌确实发生了很大的改变，在某些点上，给人以耳目一新的感觉。

我想，在课程改革的进程中，只有变化才能进步，变化是为了进步，但是变化不一定意味着进步。因此，我们要关注变化，但更应关注进步。我们要始终为进步而变化。

只有变化才能进步。最近有些同志对课程改革提出了质疑，认为我国原有的教学传统有着无限的生命力，因此当前的紧迫任务是恢复传统，而不是进行改革。在弘扬民族文化的热潮中，这种声音变得更为响亮。确实，我们因袭了多年的教学传统有它的优势，其中有许多部分现在仍是我国教育事业的宝贵财富。这些传统需要我们继承和发扬。但是以前的教学模式，从理念、内容到方法，确实在许多方面已不适应时代的发展和人的需求，在现实生活中为社会、家长和学生带来许多困惑和苦恼，制约了我国的经济发展和社会进步。因此，变革是必然的，也是必须的。人力资源是综合国力的重要组成部分，只有用先进的理念和方法开发人力资源，才能创造资源优势，才能增强综合国力。因此，必须解放思想，只有变化才能进步，因循守旧就一定要落后。

变化是为了进步。陶行知先生曾经说过：教育是什么？教人变。教人变好是好教育，教人变坏是坏教育，活教育教人变活，死教育教人变死，教人不变不是教育。教育是为了使人变好、变活，也就是使人进步。所以，变化不是目的，进步才是目的。我们需要在哪些方面进步呢？面对社会快速变革带来的价值观念的变化，我们需要以民族传统和时代精神的结合引导学生树立正确的价值观；面对知识经济时代对人才素质的要求，我们需要引导学生增强独立思考能力、创新能力和实践能力；面对社会剧烈变动对学生身心的影响，我们需要使学生的身体和心理更加健康；面对以应试为唯一目的的教育给学生带来的沉重负担，我们应当使学生的学习与生活更加丰富，更加快乐……这些都是我们进行课程改革的目的，正是为了这些目的的达成，我们才下决心改变沿袭多年的传统的教学模式。

关注变化，更要关注进步。在课程改革的进程中，我们需要进行教育理念、内容、方式的一系列的变革，在学校，这种变革最终甚至会带来师生生活方式的改变。但是，一些先行改革的实验区在盘点几年来改革的成果时却常常发现，可以数得出来的变化不少，但是可以数得出来的进步却不多。大家为推进课改做了许多努力，进行了许多变革，贡献了许多出色的研究课，介绍了许多经验，但是我们希望看到的那些进步却很难看到，甚至有些同志感到，课改后，学生的负担更重了，学生的心理压力更大了。所以，变化不一定意味着进步。我们切不可为已经有了的变化而沾沾自喜，我们应该更关注这些变化是否解决了原来存在的一些问题，是否真的有了进步。我想，关键在于我们所进行的每一项改革，都必须是为了进步，而不是为了变化而变化，不能将旧货贴上新的标签，更不能表面抓新，实际护旧。

为进步而变化。当然，所有改革的效果都需要经过一段时间才能显现，旧的教育理念、体制、方法的变革，不可能一蹴而就。而且，急于求成反而会造成华而不实，甚至弄虚作假。我们所确定的课程改革的方向是完全符合时代发展的潮流，符合人的发展的需求的。因此，我们要坚定不移地为了进步去革新、去变化。我们要始终争取用较小的代价，取得较大的实实在在的进步。

　　美国的专家们评论美国近年来的教育改革是：变化很大，进步很小。台湾省教育会的负责人评价台湾自 1992 年开始的教育改革是：变化虽有，但代价太大，而且与预期有很大的差距。我想，我国的课程改革从一开始就高度关注实效性，我们一定能够扎扎实实地以变化清除痼疾，以变化谱写新章。我希望，当我们盘点高中课程改革的时候，可以自豪地说：我们不仅有了变化，我们更有了进步。

对"减负"瓶颈的再思考

党的十七大报告又一次提出"减轻中小学生课业负担",并将此列在"以改善民生为重点的社会建设"的大题目下,可见报告已将"减负"问题提到关系民生问题的高度。只是这次与以往的提法不同,没有在"课业负担"前出现"过重"二字。我想,这种细微的变化应该引起我们对"减负"瓶颈问题的再思考。

多年来,我们一直在探讨减轻学生过重的课业负担的问题。几代党和国家领导人都为此发表过讲话,国家教育行政部门曾先后发过三十余个有关"减负"的文件,但始终收效甚微。现在正在进行的课程改革虽然明确了提高学生综合素质的目标,也确实取得了很大进展,但很少有地区反映通过课改学生的课业负担确实减轻了。在已经进行高中课改的地方,多数学校甚至感到学生的负担更重了。以致有些同志认为,在中华文化的背景下,"减负"是一个无解的教育难题。

这的确是一个难题。因为它是一项系统工程,不可能用简单的办法一次性解决。长期以来,我们比较关注的影响学生课业负担的关键因素有两个,一个是学校和教师的教育思想和教育水平,一个是选拔和考试制度。所以,关于"减负"产生了两种说法,一种是"减负"的瓶颈在教师,一种是"减负"的瓶颈在高考。课程改革推进以来,这种说法得到了更多人的认同。这无疑是有道理的。因此,加强统筹,在改善社会教育生态的同时,实现教育的整体优化，端正教育思想，提高教师水平，推进招生考试制度改革，确实应当成为解决"减负"问题的重要思路。

过去我们提"过重"的课业负担是指学生在承受正常的负担之外，还要承受学校、教师等外加上去的由种种违反教育规律的做法而产生的负担，这种外加的负担当然应当减去。但是，党的十七大报告的提法给我们的启示是，现在已经形成规范的中小学课业负担本身是否也需要减轻。它给我们提出了一个新的"减负"关注点，即学生课业负担的源头——课程设置、课程标准和教材是否需要首先放在"减轻"之列。

课程改革是解放思想的产物，"减负"是课改的目标之一。为了达成这一目标，我们应当再次认真审视现行的课程设置、课程标准和教材的科学性和合理性。说到这里，我想起最近讨论的有些地区效仿国外某些国家的规定限制学生书包重量的话题，其实，我想我们更应该关注的是，我们现在规定的教学内容的"重量"是否首先应当受到限制。

2007年6月在北京举行了中日两国小学数学研讨活动，双方进行了课堂教学观摩，后来有关同志对两国小学数学教学情况进行了比较，可以说各有所长，但很明显的不同在于，我们的教学内容远远多于日本，要求也远远高于日本，所以他们的课堂教学过程比我们要宽松得多。北京一所名小学的校长认为，现行的教学内容偏多、偏难，教与学都很吃力，教材的跳跃性产生的空白，无论是由教师还是由学生来填补，负担都很重。北京市教委的一位负责同志则告诉我，高中一年级新课改后，学生全年使用的教材竟有62本之多。

新加坡教育部长尚达曼2007年年底在谈到提高教育质量的问题时说："教得越少，学得越多"（teach less，learn more），这应当在我们的学校得到很好的体现。其实，在我国推进"减负"的工作中，我们早就倡导过这种学习的辩证法，但我们比较多的是告诉教师应当懂得"教得越少，学得越多"的道理，而这条真理对我们整个的课程体系建设的指导作用并不明显。

　　"减负"是一个多口瓶，制约它通畅的瓶颈确实不止一个。在落实十七大精神、力求取得"减负"更大实效的今天，在我们关注教师"瓶颈"、高考"瓶颈"的同时，相关部门也应当带头关注一下课程设置、课程标准与教材这些更为重要的"瓶颈"。

工具理性与价值理性的统一

——关于深化课程改革、提高课堂教学质量的思考

近几年，我们在推进课程改革、提高课堂教学质量方面不断取得新进展。

从最早参与课程改革的学校的历程看，大致可以分成三个阶段：（1）以理念启蒙为重点的阶段。这一阶段以通过培训普及新课程的基本理念为特点。这种理念的启蒙为整个课改的推进打下了思想基础。（2）以模式探索为重点的阶段。这一阶段以课堂教学模式的探索为特点，着重研究课堂教学方式的改变，形成了一种观课文化。（3）以增强效能为重点的阶段。这一阶段以教学效能的研究为特点，突出关注课程改革与课堂教学的针对性、实效性以及目标达成度等问题。

总的来看，课程改革是在步步深入的。但是，由于不同地区、不同学校的背景和条件不同，课程改革推进的力度不同，所以，各个地区和学校课堂教学的状况仍然存在很大差别。有的已进入以增强效能为重点的阶段，多数仍处在以模式探索为重点的阶段，有的长期进行理念启蒙，也有相当一部分学校仍然以陈旧的教学方式主导课堂教学。

当前，要深化课程改革、提高课堂教学质量，就必须着力于课程改革和课堂教学实效性的研究，努力实现工具理性与价值理性的统一。

课程改革同一切改革一样，工具价值必须服从于它的目标价值。这就要求我们始终关注课改的既定目标是否实现的问题。课程改革的推进应当有助

于解决原有的教育教学存在的问题，有助于减轻学生的课业负担，有助于增强学生的身体与心理素质，有助于提高学生的思想道德水平、培养学生的创新精神和实践能力，最终取得提高全体学生全面素质的实效。只有这样，我们才可能将工具价值转换为我们所追求的目标价值。

刘延东同志主抓教育工作后提出了一个很重要的指导思想：在转变观念中改革创新，在更新思路中真抓实干，在大胆实践中破解难题。这是对工具理性和价值理性统一的非常好的诠释。

为了增强课程改革的实效、提高课堂教学质量，我们应当深化对课程改革的目标、对象和途径的研究。对目标的研究，要着重探讨如何处理好启迪智慧与培养道德的关系；对对象的研究，要着重探讨如何从以学生的整体为主体转向以学生的个别为主体；对途径的研究，要着重探讨如何在把握所有学科共通的理念和方法的基础上，把握学科教学的特殊规律，探索各个学科所特有的方法与途径。

一、在多元文化背景下，坚持主流价值观的导向

我们有必要由学生价值观的现状反思教育目标的达成度。

太原市团市委在对全市中小学生思想道德状况进行调查后得出结论："现代教育中'轻道德重智力'问题在我市日趋明显。"

这次调查结果显示：乐于助人、团结互助、尊老爱幼等传统美德仍为未成年人广泛推崇，但中小学生在金钱观念、职业向往和学习目的等方面存在功利性。有18.9%的未成年人认为，金钱在人的一生中最重要。31.6%的人不愿意当普通劳动者，脑力劳动、收入高的职业是中小学生职业向往的热点。只有23.8%的中小学生选择了现在的学习是为了"将来为祖国多做贡献"，而近六成的中小学生把"未来有个好职业、高收入、过舒适生活"作为自己的学习目的。青少年总体上继承了中华民族的传统美德，但在实践中，对自

己的道德行为约束不够，不敢坚持正义。49.4%的学生"在一般情况下不闯红灯，急的时候也会闯"；32.9%的学生选择"在公共场所看到有人损坏公共设施时别管他，与我无关"；当"与同学发生冲突时"，只有54.9%的人选择"主动和解，搞好关系"。

我们再来看两个发人深省的案例。

一个是源于中小学教育资源站的案例：有一个班的部分同学竟然在教室里出租书籍和电脑游戏光盘。一本书以它的厚薄定租金，少至三角，多至一元。光盘三元。"经营者"说是"财源滚滚""生意兴隆"。租者认为挺合算，花几角钱就可以看一本书，三元钱就可以安装游戏软件；出租者认为书看过后不用可惜，光盘安装后没用更可惜，租出去，可以赚点小钱。

另一个是源于浙江省一所小学的案例。讲的是观看影片《白毛女》后，教师要求学生写观后感。有的学生指责杨白劳欠了黄世仁的钱不还，还有劳人家上门去讨，真不应该；有的说喜儿也真是太傻，人家黄世仁那么有钱，干吗不肯嫁给他；有的说那个大春也太不识趣，家里无钱无权，还想娶美女。

首都师范大学的相关研究人员在《2007年北京市高中学生思想道德发展测评报告》中，就高中学生的价值观状况得出这样的印象：（1）现代意识强，现代性比较突出。对科学、公正、民主与法制价值高度认可。（2）责任意识较强。能较好地体会个人责任与国家命运的关系。（3）有一定的尊重意识。在一定程度上懂得关心、照顾父母。在与他人相处，特别是与老师、邻居、来访客人相处时，表现出较好的尊重态度，但对同伴与父母的尊重稍差。（4）人生价值意识呈现多样性。关于人生价值观，按照重要程度排序出现多种答案。有的把健康放在第一位，有的把家庭放在第一位，也有相当多的学生把友谊放在第　位，有六成学生把金钱、地位、名誉和权力放在后面。（5）独立意识与依赖意识并存。在争取进步时，具有较强的独立观念，热衷于表现自己的力量和才能；在面对困难时，有较强的合作观念、较好的乐群性和开放性。但面对困难和挫折时，独立承受和解决问题的观念薄弱。呈现出高中学生依赖性与独立性交织的复杂现象。（6）诚信意识非常淡漠。对诚信的认同与践行都十分薄弱。只有 23.9% 的学生没有抄袭过作业，有一半学生在考试中作过弊，有的对抄袭作业是否属于诚信问题存在异议。（7）创新精神普遍缺失。普遍依赖权威知识，满足于掌握高效的解决问题的方式，缺乏对课本知识的理性反思，对问题多种途径的解决缺乏探索欲望。

学生的价值观既是社会价值观的反映，也受社会价值观的影响，并且在一定程度上体现出学校教育的效能。

社会价值观的多元化对教育产生着深刻的影响。我们正处于一个思想活跃、观念碰撞、文化交融的时代。主流价值观、传统价值观、西方价值观、封建价值观等多种价值观并存。主流价值观是我国民族优秀传统价值观与现代进步价值观的融合。我们在教育活动中要旗帜鲜明地坚持主流价值观的导向，并将这种导向贯穿于全部的教育教学活动中。

年轻作家韩寒曾经说过一句话：人生的第一次说谎常常是从写作文开始的。这提示我们思考这样一个问题，即我们的教育活动本身是否会产生负效应？

在推进课程改革的过程中，我们一方面要启迪智慧，一方面要弘扬道德，而在现实中，一些启迪智慧的教学活动有时会有悖于弘扬道德。

我们从以下两节有争议的课，可以看出课堂教学的价值取向问题。

有这样一节小学语文课：教师用启发式教学的方法讲《灰姑娘》。分析课文后，教师启发学生思考：如果你是灰姑娘的继母，你是让灰姑娘去参加舞会，还是让自己的亲生女儿参加舞会？结果，多数学生回答，还是让自己的亲生女儿去。教师说，这说明继母的做法是人之常情，可以理解，我们应该学会宽容。这节课曾被不少专家评为"好课"，因为它拓宽了学生的思路。但是，如果我们只让学生拓展思路而不引导学生明辨是非，那么其结果必然是：教师运用启发式教学这种工具的水平提高了，但教学生如何做人的价值目标却迷失了。

在广东某大学中文学院文秘专业的课堂上，任课教师要求学生写一份"打劫银行"的计划书，称目的是锻炼文科学生的思维，培养学生的人力资源配置能力，而学生们也普遍反映作业题有创意。有些人提出这样做是不合适的，但教师解释说，这是国外的教育方式，是哈佛大学商学院曾用过的教育手法。今年4月我到美国访问时见到一位毕业于哈佛商学院的专家，向他求证，他说这是非常荒唐的事，当时参与我们谈话的还有一位专家，即美国Upublic教育咨询公司总裁迈克·波，他说：道德比智慧更重要，如果说智慧应该多一点的话，那么，多出来的那一点就是要懂得"道德比智慧更重要"。

这两节有争议的课说明，我们在课堂教学中重视了启迪智慧，重视了启发式教学，但并不意味着培养人的目标都能实现。要深化课程改革、增强实效性，就必须关注启发学生独立思考与引导学生明辨是非两者结合的问题。

所以，我们有必要强调，在全部的课堂教学活动中坚持主流价值的导向。

刘延东同志前不久在谈到文化问题时说：要以社会主义核心价值体系引领文化建设，在多元中立主导，在多样中谋共识。这是我们在思考如何实现启迪智慧与弘扬道德的统一等问题时应该关注的一个思路。

美国学者拉思斯在《价值与教学》中谈道："每个人都有自己的价值观，每个人都按他个人的价值观行事，学校教育的根本任务在于抓住价值观，发展学生的道德意识、判断和选择能力。要让学生在内部的道德冲突中澄清自己的价值观，反对公式化的说教和死板的灌输。"

因此，正确处理智慧与道德的关系，在多元文化背景下，坚持主流价值观的导向，是增强教育效能的重要课题。

二、在大班编制背景下，坚持个别化教学的探索

大班编制与个别化教学是一对矛盾，两者的统一是一个难题。

汶川地震救援给我们印象最深的口号就是"决不抛弃，永不放弃"，"只

要还有百分之一的希望，我们就要尽百分之百的努力"。如果我们教育工作者都能够把这两个口号贯彻在教育教学活动中，那就真正做到了以学生为本。

基础教育不是选拔适合教育的学生，而是创造适合不同学生的教育。如同过去有人把"为人民服务"与为每个具体的人服务分开来一样，我们在课改中，也会在某种程度上把"以学生为主体"与为一个个具体的学生的发展服务分开来。

1900 年，法国的心理学家阿尔弗莱德·比奈成功地发明了"智商测试"，测试的结果被称为"智商"。而常识告诉我们，许多被认为是智商高的人，在步入成年以后未必有成就，而有些被认为是智商低的人却取得了很大的成就，包括在学术上的成就。智商理论对教育的发展起到了重要的推动作用，但这种单一的智能理论也存在一定的局限性，难以对很多问题做出解释。

在上述背景下，一些专家提出了多元的智能理论，以回答单一的智能理论所不能解决的理论与实践问题。比如：心理学家戴维·韦克斯勒在 20 世纪 40 年代就提出"智力因素"和"非智力因素"的概念。心理学家巴布娜·柳纳 1960 年提出"情绪智力"的概念。美国著名的发展心理学家、哈佛大学教授霍华德·加德纳 1983 年出版了《智能结构》一书，提出了"多元智能"理论。心理学家丹尼尔·戈尔曼在 20 世纪 90 年代中期出版了《情商》一书。心理学家斯腾伯格于 1997 年提出了"成功智力"的概念。

这些理论有一个共同点，即智力是多元的。这就大大扩充了智力的内涵，使我们能够超越传统的智力测验的范畴，对人的智力水平做出评价，不以智力测验的结果作为衡量智力高低的唯一依据。

但是，传统的、单一的智力理论在 20 世纪对教育有着巨大的影响：产生了一种学校观，即学生的智商水平差不多，因此可以以班级授课为学校的组织形式；产生了一种评价观，即智商高的人就是潜力大的人；产生了一种学生观，即智力水平高的学生就是好学生。

这些观念的局限性在于，它只以学生的学业成绩作为评价标准，只通过传授学业知识发展学生的智力。这样，不仅对学生智力的全面发展产生了直接的不良影响，而且也从整体上导致了学校教育以片面追求学业成绩为目的。

多元智能理论被教育领域借鉴以后，作为一种教育哲学大大拓宽了人们的视野，提供了对人的更为全面和清醒的认识，体现了以人为本的精神。它给我们最重要的启示是：每个学生都有自身的优势智能。学生没有"不好"，只有"不同"。人人都能成功，都有成才的潜能。所以我们要以欣赏的眼光看待学生的优点，以发展的眼光看待学生的缺点。在深化课程改革的过程中，要重视不同学生智能结构类型的差别，通过创造适合不同类型学生的教育，使不同类型的学生的潜能都得到充分开发。即通过因材施教，达到人尽其才。

从世界范围来看，20世纪末，法国教育思考委员会向法国政府建议的教育改革目标是"让失败率为零"。2001年，时任美国总统的布什颁布了《不让一个孩子掉队法》，其重点是不让可能掉队的孩子掉队；2006年，布什实施《美国竞争力计划》，其重点在于不让天才学生掉队。2006年12月1日，英国首相布莱尔在伯明翰的特色学校与学园信托大会上讲话时说："当今教育的要旨是个性化学习，要充分认识到不同的儿童在不同科目有不同的能力。"英国特色学校促进会也提出一个很重要的理念，就是"好的教育能教人变好，好的教育能够改变人的生活。教育好一个孩子，你就给了他一个机会。教育不好，他可能一生中都得不到一个机会"。由此可见，各国政府在21世纪提出的口号，都将教育的关注点放在每一个孩子的发展上。

"教有法，无定法。"教学活动的基本原则是适应学生发展的不同需求因材施教。适合学生发展的，就是最好的。因此，我们要努力实现共性教育与个性教育的结合，综合运用多种教学方法，以适应不同学生的发展需求。要推进大班化背景下的个性化教学的研究。特别是要用更多的精力研究学生——要研究学生的共性特点，特别是现代学生的新特点；要研究分层分类教学的问题，研究班级学生的主要层次、类型，制定有针对性的教学方案；要研究有代表性的个案，加强班主任对学生个案的研究以及跨学科团队对学生个案的研究。当然，更为理想的是进行全员性的个别教学，创造条件，实现新形势下的复式教学。

我今年3月在澳大利亚西澳洲的尼德兰小学听了一节语文课，内容是讲马可波罗。这个班共有二十多个学生，教师在授课时特别关注不同学生的需要，共发了6种自学提纲。我想，如果我们的教师也能像他们那样，将关注点转向研究不同学生的不同需求，那么，我们课堂教学的效能就会大大提高。

北京大学艺术学院副院长丁宁在《中国杂技：仅有高难唯美是不够的》一文中谈道："我国杂技演员对演出节目的重视程度大大超过了对观众的关注，这是国外马戏和中国杂技最大的区别。"他曾经在加拿大观看太阳马戏团的演出。四个多小时的表演，"小朋友们看得眼睛都发绿了，家长拉他们回家，小朋友都不走"，这是因为，整台节目调动了小朋友的情绪，让他们觉得太有趣了。"杂技本身从'耍把戏卖艺、牵猴撂地'走来，是地道的'草根'艺术，进入剧场演出后也要回归大众。"我们现在的做课、评课也存在这样的问题，有些教师做了一节非常精巧的课，获得了专家的好评，但实际上，教师与学生并没有更多的心灵上的交流。我们切不可满足于拿出一节唯美的课，而忽视了我们应该关注的对象。

我国相当一部分地区由于教育资源总体不足，或者优质教育资源不足，所以大班额现象十分突出，初中51%以上是大班或超大班。近年来，城市地区大班额现象更为突出。这使得我们难以进行个别化教学。因此，逐步减少班额是提高义务教育阶段教育质量的当务之急。

当然，在短时期内使班额大幅度减少是难以实现的，况且，仅仅减小班额是远远不够的。2008年4月2日，英国《泰晤士报》发表了《教育方法比"小班化"更重要》的文章。其核心观点是：班额小并非意味着教学方法好，只有小班额，而不调整教学方法是不行的。比如：麦迪逊大学的亚当·盖莫伦教授的研究结论是："没有明显的证据显示，班额变小后，教师的教学方法做出了相应的调整。有的教师很好地利用了小班额的优势，而有的教师没有。

各种情况都存在。"康奈尔大学的罗纳德·艾伦伯格研究团队发现，只要教师调整了教学方法，减少班额的潜在益处就会比现在观察到的大。英国教育专家、伦敦大学教育研究所副所长迪伦·威廉认为，"使用正确的教学方法，性价比是减少班额的 20 倍"。

我国目前的正常班额已是国外的大班额，甚至是超大班额，因此，在严格执行有关班额的各项规定的同时，增强个性化教学的意识，加强对学生情况的了解和研究，改进与创新教学方法，是大班额背景下提高教育质量的重要课题。

三、在普及课改通识理念的过程中，坚持加强学科建设

学科教学研究是当前提高教育质量的重要环节，学科教学能力是教师专业发展的重点。我们在前一时期着重于普及关于课改的通识理念是必要的，但在客观上也造成一些同志忽视学科特点，用一般性原则对待所有学科的教学。

美国卡内基促进教学基金会主席、斯坦福大学教授舒尔曼曾提出教师应具备七类专业知识，即学科知识，一般教学知识，课程知识，学科教学知识，学习者及其特点知识，教育背景知识，教育目标、目的和价值观及其哲学和历史背景知识。他认为，这七类知识中最重要的是学科教学知识。

2007 年 3 月，中日举行了一次有关小学数学教学的研讨会。在对中日两国 11 节课做比较后我们发现，两国教师在学科教学的很多方面都存在差异。从教学目标的排序看，日方把兴趣放在第一位，而中方把知识与技能放在第一位。从内容编排与设计看，日方的教科书更像故事书，教学容量小、进度慢，而中方的教科书就是教科书，教学密度大、进度快。从数学思想方法上看，日方止于感悟，不系统总结、点破，而中方则终于归纳，注重总结与点破。从教学活动的组织与实施方面看，日方的师生之间是朋友共享的关系，

而中方是师生互动的关系。从教学活动的设计上看，日方是一节课一个活动，教学内容蕴涵于全部活动过程中，而中方是在一些不同的关键点上设计一些非常精巧的活动。从教学手段上看，我们比较重视使用 ICT 手段辅助教学，而日方比较重视就地取材，多使用普通的原始教具。从教学效果的考核与评估方面看，日方最终的客观评价比较少，主观评价比较多，重视学生在活动中的兴趣与参与，而中方最终评估教学效果的方法是做练习题，通过客观测验来检查学生是否掌握了知识点，注重学生对学习过程的反思。

这种比较很难看出孰优孰劣，但可以看出不同国家对学科教学的理解和认识是存在差异的。

近几年，一些学校在学科建设方面积极探索，积累了一些经验。比如：北京四中在全体数学教师中统一了数学教学的理念，提出了"全面数学教学观"，并将这种数学教学观作为数学学科建设的基础。这个数学教学观充分体现出几个特点：（1）统一性。他们筛选与整合各种教育教学新观念、新方法，整合教师群体中有效的教育教学心得成果，形成统一的数学教学观。在教学中，保持全校数学教学的根本一致性，减少因教学基本观念不一给学生造成的适应困境，切实保证与提高教学效率。（2）全面性。既重视数学内容的形式化、抽象化的一面，更重视数学发现与创造过程中具体化、经验化的一面；既注意提高学生的数学学业水平和数学素质，也注意提高学生的基本素质和持续发展的能力，注意提高学生的心理健康水平。（3）开放性。全面数学教学观既有稳定不变的一面，又有开放且发展的一面，能够不断整合教育教学改革的新观念、新方法，不断深化对教育教学规律的认识。（4）辩证性。坚持课堂教学中数学内容与非数学内容的统一，课堂教学中尊重认知规律与把握认知过程的统一，课堂教学过程中学生发展与教师发展的统一。

在深化课堂教学改革的过程中，应该努力处理好上好一节课与把握整个学科的关系。要在把握学科教学的特殊规律的基础上，上好每一节课。现在有些人认为，只要把一节一节课上好了，整个学科的教学自然就好了；而实际上，只有把握了整个学科，才可能上好每一节课。所以，我们要把教学研究引上实际、实用、实效的轨道。狠下功夫，下实功夫，下细功夫，下新功夫，防止教学研究的新偏向。这种偏向一种是以概念化的研究取代实效性的研究。比如：把教学手段的现代化等同于信息技术的应用，评价课堂教学单纯以多媒体应用的状况作为标准，而并不重视应用的效果，更谈不上对效果做科学的分析。一种是以粗放式的研究取代精细式的研究。主要表现为满足于一般化的教学原则的应用，缺少对教学环节的精细研究；善于用一般化的原则评价一节课，而缺少对一般化原则在不同学科应用过程中所涉及的问题的深入研究，更缺少对一般化原则自身的质疑。

在普及课程改革通识理念的过程中，我们要努力加强学科建设，防止形式主义课程文化的滋生与蔓延，这是增强教学实效的重要课题。

总之，课程改革要防止工具理性膨胀，而价值理性缺失。深化课程改革、提高课堂教学质量需要努力实现工具理性与价值理性的统一。

赋予课堂以生命的价值

——谈课堂文化建设

我国基础教育发展的历史也是一部波澜壮阔的课程改革的历史、课程价值变迁的历史。中华人民共和国成立以后，我们正式进行的课程改革大概有八次。当前正在进行的第八次课程改革已经从理念启蒙阶段、模式探索阶段进入到增强效能阶段，而课堂文化建设是深化课程改革、提高教育效能的一个重要途径。

课堂是现代学校教学的主要场所，课堂学习是传承与发展人类文化的基本形式。我们现在研究的课堂主要是当代的课堂，而非未来的课堂；主要是小课堂，而非社会大课堂。在这样一个边界内，我们对课堂文化建设问题进行探讨。

课堂教学的一个重要特点是规范性与随意性的结合。其规范性表现在，它有相对稳定的空间，相对稳定的人群，相对固定的时间，相对明确的任务；随意性表现在，教学设计无严格的规定性，教学过程具有很大的不确定性，教师作用的"权威性"，教学效果的难预期性。我们所研究的课堂文化就是在这样的课堂里所形成的文化。

课堂文化是学校文化的重要组成部分，是学校文化的一种表达形式和基础载体。它是师生在课堂教学中所体现出来的思想意识、思维方式以及学习方式的总和，是学校的价值取向在课堂活动中的体现。它是在长期的课堂教学活动中形成并为师生所自觉遵循和奉行的一种文化。

课堂教学水平是学校教育水平的集中体现，而课堂文化又是课堂教学水平的集中反映。因此，学校在推进文化建设的过程中，不仅要重视环境文化、制度文化的建设，更要重视课堂文化的建设。

近些年，我国的课堂文化建设不断取得新进展，课堂教学的整体面貌发生了积极的变化，给整个课堂教学注入了新的活力。但是，目前课堂文化建设也存在着一些新的情况和问题。

其一，课堂文化建设并没有真正成为学校文化建设的重要领域。我们普遍重视学校文化建设，但对课堂文化建设的研究还比较薄弱。如在学校文化建设研究中有几种倾向：一是重概念轻内涵。新的提法、概念很多，令人应接不暇，但对这些概念的内涵的研究，特别是对概念内涵之实际体现的研究则很少。二是重硬件轻软件。三是重课外轻课内。在课堂中，我们很难感受到学校所追求的文化的存在，课内外反差很大。学校文化几乎等同于课外文化。

其二，传统的质量观和由此形成的教学模式仍在课堂教学中占主导地位，研究课与常态课存在较大反差，新的课堂文化并未真正形成。比如：流行的各种理论、方法、概念不断变换，但学习目的的应试性、师生双边活动的单向性依然没有改变；即使不少学校研究课堂文化，也常常简单化地将其与教师的"做课"捆绑在一起，囿于"磨"出一节"好课"；在研究课上学生的种种良好表现往往带有表演性，常态课依然故我，甚至传统色彩更为浓厚。

其三，课堂教学改革的形式主义依然存在，针对性、实效性较差。学生的总体课业负担在多数地区仍然较重。有的学校为了保证研究课课堂的精彩，而将课堂教学任务向课堂外（课前、课后）的两端延伸，一端增加大量的预习作业，一端增加大量的巩固作业，而且大多是无效作业。这样的课堂虽然看起来很活跃、很精彩，但并没有真正取得让学生生动、活泼、主动学习的实效。有效教学、有效学习、有效作业并未实现有效衔接，课堂上似乎是有效教学，但课外需要留很多作业来弥补课堂的损失。

其四，学校领导难以用主要精力研究教学，更难以坚持走进课堂，关注课堂文化建设。

课堂文化就是课堂的价值追求，它应该体现为对生命的理解和尊重，对智慧的激发和启迪，对能力的培养和提升。建设新的课堂文化，必须努力构建平等民主、和谐共处、互动合作、自主探究的课堂氛围，赋予课堂以生命价值。我们研究课堂文化建设需要关注四个问题。

一是目标的基础性。当基础教育不是打基础的时候，就不可能为一切人所共有。习惯是基础素质的重要体现。素质教育就是培养好习惯。我们在课堂文化建设中要培养的好习惯主要包括反应倾向、思维习惯和行为习惯。

反应倾向。个人对事物的反应倾向体现人的价值判断习惯，社会对事物的反应倾向体现社会的价值取向。比如：一个同学回答问题时错了，其他同学是耻笑他还是鼓励他，老师是讽刺他还是帮助他，都体现出一种反应倾向。反应倾向的培养，其实就是一种价值观的培养，一种做人品质的培养。

思维习惯。大多数时候，人们受制于强大的惯性思维。惯性思维能够帮助我们快捷地认知和适应周围的世界，也有助于我们遵守社会的行为规则。但它往往过于刻板，如果这样一种思维习惯难以突破，那么我们就很难进行新的创造。所以现在我们面临着如何培养学生创造性思维习惯的问题。我们现在的研究性学习大多是解决获取知识的问题，这并未真正进入到思维能力的培养，因为真正的思维是从运用知识解决问题开始的。印度把高级思维训练融到中学的各学科当中，以色列的"2000优秀学生培养计划"也把高级思维训练融入进去。他们的做法值得我们借鉴。

行为习惯。行为习惯是一种定型行为，是人在一定情境下自动进行的某种动作，包括生活习惯、工作习惯、学习习惯、待人习惯等。习惯不是单一的素质，反应倾向影响着我们的价值取向，思维习惯影响着我们的思维方式，行为习惯影响着我们的行为方式，这三个习惯非常重要。个人有了好的反应倾向、思维习惯和行为习惯，个人的素质就提高了，就为他一生的发展奠定了坚实的基础；多数人有了好的反应倾向、思维习惯和行为习惯，国民素质就提升了，就为整个国家的发展奠定了坚实的基础。

如果基础教育能够把我们所要求的东西变成学生的一种反应倾向、一种思维习惯、一种行为习惯，那么这个"基础"就真正打好了。所以课堂文化建设应当通过培养各种好的习惯，来体现基础教育的基础性。

二是理念的人本性。我们在进行课堂文化建设时，必须牢记一句话："人永远是目的。"这是全部教育活动的出发点和归宿。在任何情况下，我们都必须始终把人作为目的而非手段，这是维护人类尊严的基础。学生的发展永远是教育活动的目的，也是教师专业发展的目的；任何时候，我们都不能把学生当成手段。

现在，有些领导和教师把学生作为获取某些资源或达到某种目的的手段。我们的课堂文化应当体现对学生生命价值的尊重，应当充满生命的活力和动感，应当凸显学生的主体地位。卢梭讲过一句话："教育必须顺着自然——也就是顺其天性而为，否则必然产生本性断伤的结果。"我们现在的教育在有意识地教育小大人，这样用强制的办法让学生社会化的做法是不可取的。

新课改突出了以学生为主体的思想，学生不仅是教学的主体，也是教学资源、动力资源；不仅是受教育者，也是自我教育者。

在发挥学生的主体作用方面，有三个互动需要关注。一是师生互动。二是生生互动。三是教师、学生、文本之间的互动，三者之间形成一个完整的沟通过程。新的课堂文化倡导从"单向型教学"向"多向型教学"的转变，力图实现教师、学生、文本三者之间的互动。教师要自觉地为此创造条件，以构建课堂上的"沟通文化"。为此，我们要改变教师享有话语霸权、学生在课堂上失语的现象。教师要善于挖掘对话中的新意，创造生成性的教学。

心理学家马斯洛说："只有在真诚、理解的师生人际关系中，学生才敢于和勇于发表见解，自由想象和创造，从而热情地吸取知识，发展能力，形成人格。"这种关系的形成和氛围的创造是至关重要的。

三是价值的导向性。

基础教育最应该关注的问题，是我们能不能教会孩子做人的问题。社会变迁为青少年价值观念的形成注入了许多积极因素，但也有两个特别值得我们关注的变化。一是就目的性价值来看，青少年的价值观从对社会价值的重视开始转向对个人价值的重视；二是就工具性价值来看，青少年心目中的能力价值内涵改变很大。传统的能力价值如勤奋、能干、真诚等的地位逐渐被淡化，而人际关系、自我宣扬、甚至粉饰和欺骗等病态心理开始萌生。这就揭示出现代教育肩负着重大使命——引导青少年树立正确的价值观，并进行相应的教育变革。

教育本身就是价值引导和价值创造的过程。我们要使核心价值观成为社会的主流价值观，很重要的途径是教育。因此，学校必须在各种活动中，首先在课堂教学中培育学生正确的价值观念。我们的课堂文化建设必须旗帜鲜明地坚持主流价值观导向，并将这种导向贯穿于教学活动的全过程。教育者要善于在课堂教学中体察青少年价值观的时代特征，既要让学生独立思考，又要引导学生明辨是非。

四是模式的多样性。

《国家中长期教育改革和发展规划纲要（2010—2020年）》特别强调探索多种培养方式。现在我们在模式探讨中有一种倾向值得注意，就是一研究出一种比较好的模式，就希望大范围推广，认为能解决所有的问题，都应该运用这种模式。这是有偏颇的。总的来看，我们还是要遵循《规划纲要》提出的三个原则。

一是注重学思结合。倡导启发式、探究式、讨论式、参与式教学，帮助学生学会学习。

我们希望能尽快实现从"接受型教学"向"质疑型教学"的转变，逐步构建起课堂的"思辨文化"；要倡导以问题为纽带，发展学生的发散思维和批判性思维。

钱学森教育理念中有一个"前科学知识库"的概念。他认为,成为系统的知识固然重要,但有时,突发奇想甚至于做梦,也可能对人的发明创造有启发。创新思维就是发散思维和聚合思维交替运用的过程。所以,始终使学生保持足够的好奇心,是看一节课是不是"好课"的重要标准。要建立开放而有活力的课堂文化,要求课堂成为学生充分施展和表现才能、取得学习成果的时空。因此,我们要做到三个正确对待:一是正确对待学生提出的"计划外"的问题,二是正确对待学生的"错误"答案,三是正确对待没有标准答案的问题。

我们要形成尊重学生、包容学生的课堂文化。要发展学生"好问"的天性,鼓励提问,即使学生的问题"幼稚可笑";如果学生的回答不符合标准答案,那么我们应该从中找出其合理的成分,以保护他们的积极性;要正确处理好非预期事件中生成的各种课程资源,这是一种艺术。教过多年书的教师都明白,真正效果比较好的课都是磕磕绊绊的课,非常流畅的课基本上都是表演课。

二是注重知行统一。加德纳的多元智能理论认为,智能是"一种处理信息的心理潜能。这种潜能在一定的文化背景下,会被激活,以解决问题或是创造该文化所珍视的产品。"也就是说,传统的"智力"概念强调解答问题的能力,而"智能"概念强调在实践中解决问题和生产产品的能力。

有人曾对美国学生和中国学生提出同一个问题:一张 A4 纸最多能对折几次?中国的孩子不假思索地回答:"无数次";而美国学生则拿来一张纸开始折,结论是:最多可以折八次。由此可以看出,我们过分重视推理的结论,而不太重视实践的结果。美国的国家数学委员会在一份报告中提出:"鼓励与支持开展严谨、实证的数学教育科学研究。"他们主张,把数学教育决策建立在以实证为基础的科学研究的基础上。这对我们是很有借鉴意义的。

三是注重因材施教。学生有很多共性,但也有很多差异。亚当·斯密的《国富论》几乎把人都看成是"理性经济人",同样,我们的教育学也常常把学生都看成是"理想的学生"。于是,我们探索出许许多多以"理想的学生"

为对象的规律和模式，以为它们可以在每个学生身上发挥作用，但实际上并不存在这样的"理想的学生"。

每个学生的智能结构以及原有的学习史造成的发展基础与水平的差异决定了他与别人的不同，而且，影响每个人内因发挥积极作用的外因也不尽相同。可以说，教育学发展的原动力就来自于这一个个不同的"非理想"的人。所以，如果我们的课堂教学只停留在对一般规律进行研究与应用的层面，以对"假设的学生"的教育，逃避现实的、具体的学生带来的挑战，并以固定的模式为标准，对课堂教学做出评价，那么我们就难以真正面对现实的、个体的差异，当然也就难以取得教育的实效。

现在最大的危险来自一些"专家"。他们往往按照一般的教学原则评课，并不了解具体的学生。这样，老师备课的时候就要研究怎么顺应专家的需要，要有哪些亮点引起他们的关注。如此，我们的课就变成给专家"做课"了。这样的课并不一定符合学生的需要。我们在推进课改的过程中，比较重视课堂教学呈现方式的转变和通用原则的运用，而忽视针对不同学生的情况研究教学。这种方向性引导的偏差，使得教师越来越漠视对教育对象差异性的分析。在这种背景下，研究学生也就有了特殊的意义。我们必须在了解学生的基础上来研究教学。教师说课时，要说教学内容、教学方法、教学过程，但首先应该说学生。

总之，通过创造适合不同学生的课堂教学，促进个性化学习，使不同的学生都能打好全面的素质基础，这就是最好的课堂教学。这种课堂教学对于教师的专业发展、对于达成教育目标具有本源性意义。

一种积极向上的课堂文化是学生智慧、能力、人格生长的必要条件。改革当然不仅仅发生在课堂上，但我们可以肯定的是，没有发生在课堂上的改革，绝对不是真正的改革。

没有问题是最大的问题

课堂上经常出现这样的情况，老师讲完后问学生："你们还有什么问题吗？"学生们齐声回答："没有了。"于是老师很满意，认为这堂课很成功。

其实，素质教育和"应试教育"的一个重要区别就在于，"应试教育"是要让学生掌握标准答案，所以教师教到学生没有问题就是成功；而素质教育更为重视学生独立思考能力和创新精神的培养，所以成功的教学应当是学生能提出更多新的问题，进行新的思考，并提出新的见解。因此，学生没有问题恰恰是教学中最大的问题。

人的一切发明创造都源于好奇心。好奇心是人们对新鲜事物积极探求的一种心理倾向，它主要表现为好提问、好琢磨、好动手。

爱因斯坦曾说："我没有特殊的天赋，我只有强烈的好奇心。谁要是体验不到它，谁要是不再有好奇心，也不再有惊讶的感觉，他就无异于行尸走肉，他的眼睛是模糊不清的。"巴尔扎克也说过："打开一切科学的钥匙，毫无异议的是问号。"世界上许多发明创造都是从质疑开始，即从好奇开始的。

因此，好奇心不仅可以成为学生学习的内在动力，而且还会成为具有重大意义的发明或发现的催化剂。

我听到过这样一件事。在幼儿园里老师给孩子们讲故事：一个小白兔把小伙伴请到家里，它从冰箱里拿出来一棵白菜和一根胡萝卜招待它们。讲到这里老师问："小朋友们，这时候它的小伙伴应该说什么呀？"一个小朋友说：

"应该说谢谢！"老师夸道："真好，你真懂礼貌！"接着，小朋友们都先后回答说"应该说谢谢"。这时，有一个小朋友说："我想问小白兔，冰箱里还有什么吃的呀？"老师立刻批评他："你怎么这么没有礼貌，这么贪心！"

这位教师的做法是十分不妥的。

培养和保护学生的好奇心，教师要明确目的，营造氛围，激发兴趣，引导实践和鼓励质疑。

要明确目的。教师要把激发孩子的好奇心作为教育的追求，只有有意识地让学生自己提出问题、亲自参与新知识的发现、独立解决问题，才能让学生真正锻炼思维、开发智力、发展能力，享受学习的乐趣。要使学生把主动提出问题当成自身的需要，变"要我问"为"我要问""我爱问"。

要营造氛围。教师应尽可能为学生营造一种安全、民主的氛围，给他们充分的自由，允许他们大胆地想、大胆地问。要尊重他们的天性，尊重他们的兴趣，尊重他们的发现。还应当创设一种使学生产生疑问并渴望得到答案的学习情境，使学生不能简单地利用已有的知识和习惯去解决问题。比如：可以增加教学内容的"意外性"，适当超出学生现有的生活经验。出乎学生意料的教学内容极易引发他们的好奇心。

要激发兴趣。学习兴趣是学习中最现实、最活泼的原动力。富有好奇心的学生能够在获得知识的过程中体验乐趣，这种乐趣又会激励他不知疲倦地去探索未知领域。为了使学生的好奇心、求知欲保持觉醒的状态，教师应时时关注引起他们兴趣、令他们吃惊的事物，关注他们的新想法和新发现。只有这样，才会更好地唤起他们的有意注意，提高他们学习的自觉性和创造性。

要鼓励质疑。问题与疑问是探究的起点，也是探究教学的一个基本特征。教师一方面要善于设问质疑，引发学生从不同角度、不同方向进行深度思考；另一方面要鼓励和引导学生积极主动地质疑，要让学生想问、敢问、善问。苏霍姆林斯基说："成功的欢乐是一种巨大的情绪力量，它可以促进儿童好好学习的愿望。"教师要通过评价，保护学生质疑的积极性，使学生获得愉快的情感体验，看到自己的智慧和力量。

　　要引导实践。学生周围的环境刺激是丰富多彩的，要让他们亲自去看、去听、去闻、去尝、去摆弄。这是学生探索生活奥秘的过程。教师要努力优化课堂结构，留给学生充足的时空，放手让他们尝试。教师要善于倾听和积极引导，通过设计富有挑战性的实践活动，鼓励学生大胆猜测，亲身体验，进而验证或修正自己的想法，使学生在自我学习中发展自我。

　　当我们在课堂上能够听到学生不断发问的声音时，我们就可以说，课程改革又前进了一大步。

"四声"课堂文化

在瑞典斯德哥尔摩举行诺贝尔生物学奖颁奖典礼的礼堂里，曾举行北京中小学生与诺奖评委会主席以及诺奖获得者的对话活动。同学们提出了许多很有意思的问题，有些甚至把主讲人都难住了。比如：现在的研究成果大都是团队合作取得的，但为什么诺奖只发给个人，而不发给团队？为什么诺奖不发给许多很有影响的发明家，而只发给有意义的发现者？对诺奖获得者的研究成果，同学们也提出了许多质疑和追问。在这场气氛十分热烈的即席对话中，中国人民大学附属小学（以下简称"人大附小"）的同学尤为活跃。

前不久，我到人大附小听课，似乎找到了同学们在与诺奖精英对话中表现优异的答案。在一年级的数学课上，学生十分活跃，热烈质疑与辩论的课堂已现雏形；在六年级的数学课上，学生已展现出比较成熟的思辨能力。可以说，学生在瑞典的表现不过是人大附小"四声"课堂文化建设的成果。

人大附小郑瑞芳校长提出以"四声"课堂文化推进课堂教学改革，即倡导课堂要有笑声、掌声、质疑声和辩论声；要将单纯传授知识的课堂，转变为发挥学生主体作用、加强思维能力培养的课堂。

听课后我感觉，郑校长的理念已在课堂教学中真正落地。这是人大附小课堂文化建设的一项重要成果，它给我们带来了几个重要的启示——

一是关注课堂文化是为了改变课堂。"四声"课堂文化并不完全否定传统的课堂文化，我们还是要"说教精彩、解惑精辟、启迪精妙、示范精美"；但课堂文化必须随时代变化而变革，"四声"课堂文化就是对传统课堂文化的创新。这个主张容易理解，也相对容易落实。

关注课堂文化是为了改变课堂。现在，由于校长们各方面的负担太重，所以真正能将精力放在改变课堂上的学校领导已不是很多。在此背景下，郑瑞芳校长能主动提出创建课堂文化的主张，并积极探索实施途径，是很值得赞赏的。

二是转变课堂是为了转变学生。我曾在加拿大与多伦多大学的教授座谈。他们认为，中国学生的基础知识和基本技能掌握得很好，甚至在中国数学基础中等的学生，在加拿大考上一个较好的大学也不是很难；但是进入大学后，中国学生在自主学习和独立思考能力等方面即失去优势，所以常常是入学率不低，但毕业率不高。这正说明我们的课堂文化存在问题。

马云曾在俄罗斯国际创新发展论坛上发表演讲，他说，新技术将会取代很多职业，但是机器不会完全取代人类的工作。人类历史上的每一次技术革命，都会使很多职业消失，但却创造了更多的职业；现在，我们同样失去了很多职业，以后还会有很多职业消失，但一定也会有更多新的行业诞生。这就要求我们现在培养的人要不断学习，不断适应时代的变革。因此，自主学习和独立思考能力已成为人类终身学习和发展的基础。显然，传统的教学方式很难使学生获得这些能力。因此，改变课堂归根结底是为了改变学生。

传统课堂最缺乏的就是审辩能力的培养，而审辩能力就是从质疑开始，而后经过理性思考，证实或者证伪，最后得出理性的判断。所以，在"四声"课堂文化中，强调质疑声，即抓住了课堂文化建设的灵魂。质疑是什么？质疑就是对未知的探索。我们观察一个课堂，关键不是看它是否热热闹闹，而是要看学生提出的问题是不是他未知的，他对未知是否有穷追不舍的精神。哥伦比亚大学的一位诺贝尔奖获得者在与学生对话时说，有一本名为《假如给小老鼠一块饼干》的绘本很有意思——人们给小老鼠一块饼干后，它还要牛奶；给了牛奶后，它还要吸管；给了吸管后，它还要餐巾纸……它没完没了地要。他说，科学研究就要像这个小老鼠一样不断进行探索，不断提出新的问题。我们改变课堂，就是为了培养这样的一代新人。

三是改变学生的关键在于改变教师。现在，能够进行生成性教学的教师，才是最好的教师。在今天，教师如果事先备好了一节课，然后在课堂上按部就班地讲，甚至不用备课，拿来现成的课件边放边说，那么，他就等于没有真正完成教学任务，更谈不上建设良好的课堂文化。我非常高兴地看到，人大附小"四声"课堂文化的成功最关键的是实现了教师的改变，他们从不理解到有了认同，有了实践，最后创造了经验。

为了孩子们的未来，深望人大附小以及所有教育同仁都能在课堂文化建设方面迈出更大的步伐！

素养·无尽的追求

戒　躁

——给班主任老师

学校里最忙的教师当算是班主任了。现在，班主任的工作大概都忙在这样几个必不可少的方面：一是完成学校领导布置的工作和组织本班参加全校性的活动；二是为其他任课教师创造良好的教学环境；三是与学生家长保持联系，沟通学生的情况，交换教育的意见。然后，才是根据班集体和学生的情况，安排教育活动和进行必要的管理。

班主任的工作范围涉及上上下下、左左右右，工作时间包括课上课下、校内校外，确实十分辛苦。如果工作基本顺利还好，如果每天总是出点这样那样的问题，再加上一些学校对班主任工作的评估又不甚得法，班主任的压力可想而知。于是，有些班主任就不仅忙得很，而且也烦得很。

班主任也是人，烦了就会表现出来，甚至需要发泄。于是，学生往往就会首当其冲地成为发泄的对象。我们常常听到有些学生说，今天班主任发火了。这种发火，有时是冷嘲热讽，有时是怒斥谩骂，更有甚者，还会对学生进行变相体罚，甚至体罚。

班主任的这种态度，常常会被对学生的严格要求这一借口所掩盖。对学生的严格要求，是班主任应有的责任。在某些情况下，以严肃的态度，加深学生对自身错误和缺点的认识，也是可取的，可是这与那种粗暴、那种发泄，有着本质的不同。一个好的班主任，一定要善于控制和调节自己的情绪，一定要充分意识到自己的情绪对学生心理健康、对学生自信心的巨大影响。现在，学生由于种种原因造成的心理障碍和心理疾患，甚至由此引发的令人痛心的悲剧，已经日益引起广泛关注。我们的责任是尽全力化解，而绝不能再火上浇油。

有些班主任老师认为，自己的态度不好，今天学生虽然不理解，但将来，他们总会明白自己的用心的。这不禁使我想起印度一个古老的故事。一个人总是爱发脾气，从不顾及别人的感受，伤了许多人。他想改，但是一遇到不顺心的事，就控制不住自己。他问他的父亲自己应当怎样做，才能改掉这个毛病。他父亲教他，今后你每发一次脾气，自己就在木围栏上钉上一颗钉子来提醒自己。于是他就这样做了，开始的时候，钉的次数很多，渐渐地钉得越来越少，最后他告诉父亲已经没再发脾气了。他的父亲又教他，如果一天你没有发脾气，你就拔掉一颗钉子，他又按照父亲的话去做了。终于有一天，他把所有的钉子都拔掉了。他告诉父亲，父亲夸奖他勇于克服缺点。但同时又把他领到围栏前，对他说："你看，钉子虽然拔掉了，但每一颗钉子都留下了钉孔。你伤了一个人的心，就仿佛是在他的心上钉了一颗钉子，即使你拔掉了，也依然会留下伤痕。"这个故事阐明了一个哲理。我想它给我们的启示是绝不能放纵自己的态度，班主任教师应高度重视教育过程中的行为对学生情感的影响。

在社会处于转型的今天，相当普遍地存在一种浮躁心理。班主任在完成培养未来的建设者和接班人的历史使命中负有重要责任，为了下一代的心理健康，我希望大家都能以戒躁共勉。

什么样的教师是好的教师

一个好的教师的好，应该表现在教师的追求、教师的学习、教师的修养、教师的创新以及教师的自律这五个方面。

教师的追求。陶行知说过："教育是什么？教人变！教人变好是好教育，教人变坏是坏教育。活教育教人变活，死教育教人变死。不教人变、教人不变的不是教育。"因此，教师的追求应该是使所有的学生都变得比原来更好，为每一个学生的发展服务应该是教师的追求。作为教师，最重要的是事业心，即对学生的热爱和对教育的忠诚。

教师的学习。教师的工作目标，应该是在使学生得到发展的过程中求得自身的发展；教师工作的过程，应该是在求得自身发展的过程中求得学生的发展。学校的最终目标在于学生的发展，但学校的工作重点应该放在教师的发展上，因为学生的发展取决于教师的发展。因此，教师应当首先树立终身学习的理念，不断加强自身的学习，不断地提高和发展自己。

教师的修养。教师的修养包括学术的修养和道德的修养。有人说教学是科学，有人说教学是艺术，有人说教学不只是科学，不只是艺术，教学是修炼，这实际上是把科学和艺术融合在一起，通过反复实践的一种修炼。因此，教师应把自身的修养放到非常重要的地位。

教师的创新。由于我们现在处于变革之际，这种变革理念既有继承，又有创新，而创新是在继承的基础上的创新。因此，作为一个好教师，应该既有对过去优秀传统的记忆，又有对于未来教育的求索，并把这两者结合起来以推进教育的创新。

教师的自律。教师作为学生的榜样，其言行对学生有深刻的影响，因此教师的自律十分重要。在纷繁复杂、五光十色的社会现象面前，教师应能保持清醒的头脑。过去所说的"一身白粉，两袖清风"，对今天的教师来说依然是应有的操守。

现在，还要强调一个好的教师应当是心理健康的教师。一些专家指出，教师队伍有 20% 的人有"职业枯竭"造成的心理疾患，当然，教师在各行各业中是不是心理问题的高危人群，还应进一步调查研究。我认为教师的总体心态是好的。但应当说，教师心理问题有不断增长的趋势。其原因，一方面，是在社会急剧变革时期，原有的利益格局被打破了，原有的观念也受到了冲击，整个社会产生的浮躁心理对教师的冲击很大。另一方面，社会对教育的要求越来越高，学校承担的责任越来越多，加上教育系统引入竞争机制，这就使得教师的压力越来越大。还有一个因素是目前的学校教育，包括师范教育，在教师的心理教育方面做得很不够，因而使教师的心理素质缺乏良好的基础。

我们应该更多地关注教师的心理健康，加强对教师的心理教育和心理调适，创造更加宽松的环境，让教师工作得快乐，生活得精彩。这应当是学校和全社会共同的责任。

教师队伍建设要下真功夫

提高教育质量就要加强教师队伍建设，加强教师队伍建设就要将教师集体建设成为学习型组织，而要为建设教师的学习型组织创造条件就应当旗帜鲜明地反对形式主义，下一番真功夫。

近年来，教师队伍发生了很大变化，教师的数量迅速增加。2002 年全国已有普通高中专任教师 94.6 万人，普通初中专任教师 343 万人，小学专任教师 577.8 万人。教师队伍年龄结构发生了变化，年轻化的进程大大加快。教师队伍的知识结构也在发生变化，学历层次提高了，对英语、信息技术以及其他新知识与新技能掌握的水平也明显提高了。同时，教师队伍的流动速度加快了，聘用制的推行、吸引人才政策的制定和教师自身选择意识的增强，促进了教师在校际甚至在地区间的流动。

但同时，教师队伍也面临着前所未有的挑战，特别是在课程改革启动以后，教师队伍出现了许多方面的不适应。新旧教育理念发生了激烈的碰撞，教师难以很快地实现教育理念的转变。目前，教师以新的教育理念组织课堂教学的能力、组织研究性学习的能力、组织实践活动的能力以及信息技术能力还明显不足。在社会转型的背景下，教师的奉献精神遇到了挑战，教师的形象受到了冲击，教师的道德素质也不同程度受到质疑。因此，教师虽然在数量上基本得到保证，但教师队伍建设问题仍然是课程改革和优质教育发展的瓶颈。

我想，当前学校加强教师队伍建设的根本途径是将教师集体建设成为学习型组织，也就是要使教师集体成为教学、学习与科研紧密结合的组织。只有教师把教学、学习与科研紧密地结合在一起，提高自身教育教学水平的自觉性才能得到增强，教师自身的发展才能得到保证，也才能在创造与积累教育改革经验的过程中实现观念的转变、知识的拓展、能力的提高与道德修养的加强。

但是，教师要实现教学、学习与科研的结合需要时间。

长期以来，有一种现象已经受到广泛关注。那就是，从总体上看，我国教师的课时量低于许多国家，但实际负担却重于国外的同行。我国的教师终年忙碌，下班回家和节假日也要忙于备课，他们的健康状况已引起业内外人士的忧虑。

产生这种现象的原因固然很多，但仔细分析一下就会发现，教师经常要忙于应对许多本不必要占用那么多时间的事情。

比如，写教案一直是一个占用教师时间最多的工作。但在很多学校，教案究竟是用于教学的需要，还是用于管理的需要，却始终没搞清楚。有些学校领导同志的逻辑是，抓教学就要抓备课，抓备课就要抓写教案，因为领导不可能每堂课都到教室去听，因此，检查教案就成为领导管理教学的主要方式，教案也就成了教学水平的证明文件。于是，对教案提出了许多要求，甚至包括内容要详尽，字迹要工整，甚至要展览，要评比。于是，教师要把许多时间花在按领导的要求写教案上。其实，写教案固然是备课的一种形式，但绝不等于备课，更不一定体现教学水平，要了解教学状况必须进到课堂里去。然而，一种形式经过固化、僵化，变成了形式主义，而这种形式主义却大量地占用了教师时间。

再比如，进行教师的继续教育是提高教师水平的重要方式，但许多进修并不从教师的实际需要出发，却强求教师必须参加。有些教师对我说，现在许多进修变成了继续教育机构的商业性活动，开设了许多传授陈旧观念、老化知识的课程，不去听还不行，却没有时间学习自己所需要的东西。这样做的结果，教育行政部门或者学校，虽然每年可以在总结时说组织了多少次学习，教师却大不以为然。

至于年初的计划、年终的总结、学习的心得、工作的体会等无尽无休的程式要求，其实，相当多的部分是可以简化或者取消的，但这些都仍被不少学校当作管理的法宝而因循甚至强化着。

所以，教师的课时量不算高而负担却很重的重要原因是我们的形式主义太多了。

要真正将教师集体建设成为学习型组织，就必须首先旗帜鲜明地反对形式主义。我真希望我们的各级教育行政部门和学校把这些形式主义的东西清理一下，并下决心去除，以求真务实的态度在教师队伍建设上下一番真功夫。

把教师集体建设成为和谐的团队

在二十世纪 80 年代末，我们针对当时教师队伍存在的干与不干一个样，干多干少一个样的状况，实行了学校内部管理体制改革，引入了竞争机制，这对激发教师队伍的活力发挥了重要作用。但是，也存在一种现象，就是在有些学校里，竞争变成了教师个人之间的较量，缺少了一种团队精神。

其实，在全面推进素质教育、深化教育改革的进程中，越来越凸显出团队精神的重要。教育改革是一项复杂的工程，不是靠哪一个人能够单独完成的。一所学校的教育理念转化为教育实践需要全体教师的共同努力，需要依靠共同的创造性劳动，也不是各行其是能够办得到的。

所以，我们应当在教师队伍建设中倡导团队精神，营造和谐的合作氛围，树立正确的竞争观。当前，我认为应当提倡四种精神。

一是"双赢共好"精神。在去年的亚洲北京教育论坛的闭幕式上，著名的经济学家厉以宁先生在演说的开头就讲了一个新龟兔赛跑的故事：我们熟知的兔子由于骄傲中途睡着了，输给了乌龟之后，兔子很不服气，提出再赛一次。结果第二次赛跑兔子不再睡觉，当然是兔子赢了。可是乌龟又不服气，要求按照自己指定的路线再赛第三次。兔子本来以为无论怎样的路线，自己总比乌龟跑得快，没想到乌龟指定的路线中有一条河，兔子不会游泳，结果又输给了乌龟。两个动物比来比去，总是有胜有负。于是他们决定合作起来跑一次。这次，在陆地上跑的时候，乌龟趴在兔子背上，在河里，兔子趴在乌龟背上，两个同时以前所未有的速度共同到达了终点。厉先生借此说明，在经济全球化的今天，竞争不应再是你死我活，而是应当双赢共好。我想，今天学校里的竞争机制，也不应当是你死我活，而应当倡导通过竞争激发活力，最后达到共同进步，从而使学校既充满生机，又能将每个人的追求融入集体的成功之中。

二是"相互借助"精神。也是在亚洲北京教育论坛上，另一位专家提出应当将象棋思维变为跳棋思维。下象棋，总是通过吃掉对方的一个一个棋子，最后把对方的老将吃掉来取得胜利。而下跳棋则是双方都要借助对方的棋子，才可能最终将自己的棋子运到目的地。教育工作也是如此，每个教师都在进行教育创新的探索，都积累了不少经验和教训，但是常常忽视相互的学习与借鉴，以致造成有些学校和教师经常进行重复研究，有些成果和心得甚至互相保密，有的教育资源不愿共享。这实际上迟滞了改革的脚步，延缓了发展的进程。

三是"自觉协调"精神。有一种在海边群居的动物叫作海狸，据说它们能够共同搬运石块构筑堤坝以防止海浪的冲击。它们和蜜蜂、蚂蚁的群居生活有不同之处，蜜蜂有蜂王，蚂蚁有蚁王，而海狸没有王，它们不经组织就能够自觉协调。我们在学校里也要倡导这种精神。因为教育的改革与发展需要教师与学生之间的协调，教师与家长之间的协调，教师与社区之间的协调，更需要教师之间的相互协调。这种协调不应该都由领导来组织，而应当成为教师的本能。这样，才能使合作成为生存的主动需求，使和谐成为发展的自觉需要。

四是"交替引领"精神。北雁南飞，排成一行，总有一只头雁引领。但头雁并不是固定的，要由每只大雁轮流担任。因为头雁需要通过自己的拼搏来为整个队伍减少阻力，所以它的体力消耗最大，只有轮流引领才可能始终保持最快的速度。自行车的团体比赛，通常也是运用这种战术。我们的教育工作和教育教学改革同样也需要有人引领。因此，学科带头人担负着很重要的责任。但我想，如果一个学校的教育教学工作，只由一部分教师长期引领，其他教师就会习惯于跟随，那么整个教育教学工作就难以有更新的突破，就难以超越这部分固定权威的水平。其实，教师往往各有所长，在不同时期、不同方面重视发挥不同教师的引领作用，才有可能保持学校持续发展的不竭动力。

有了双赢共好的愿望，有了相互借助的思维，有了自觉协调的习惯，有了交替引领的能力，这样的教师队伍，必然是一个和谐的团队，也必然会成为推动教育和谐发展的巨大力量。

无尽的追求

从来没有理想的学校，但许多校长都在追求创造一所理想的学校；从来没有至善的教育，但许多校长都在追求进行一种至善的教育；从来没有完美的学生，但许多校长都在追求培养一批完美的学生。这就是校长，一种进行着无尽追求的人。

校长虽然常常是这种理想主义者，但他们每天又不得不面对现实中的种种烦扰、件件琐事。许多校长既要奋力拼搏于现实，又要执著求索于理想，因此，其伟大也就尽显于其平凡之中。

好的校长都有他们的共性。

我很赞赏有些同志借鉴对城市的评价指标来评价校长。那就是评价一位校长要看他的实力、能力、潜力、活力和魅力这五项指标。我想，实力是指由学习经历、工作经历和生活经历的积淀形成的整体素质。能力，是指表现出来的胜任职务和解决问题的水平，能力的最好体现是实绩。活力，是指蓬勃的朝气和与时俱进的创新精神。潜力，是指尚未表现出来的，经过学习或者实践可以发展起来的能力。魅力，则是指由自身的才智、风度和人际交往过程中的态度等因素形成的吸引力、亲和力、感召力。不过，有的同志提出还应该加上一个条件，就是定力，我也很赞成。

校长要有定力，当然首先是在这纷繁复杂的社会现象面前能够始终保持清醒的头脑，保持教育工作者的社会声誉。同时，也还应当防止浮躁，保持冷静。现在的某些体制和机制容易使校长急于求成，从而有意或无意地违背教育的客观规律。教育事业的发展过程是一个创新过程，同时是一个积累过程。扎扎实实的积累和蓬蓬勃勃的创新的有机融合，才是教育发展的保证，也才是校长健康成长的保证。

没有完全相同的学生，没有完全相同的教师，没有完全相同的学校，当然，也没有完全相同的校长。优秀校长的共性往往蕴藏于他们各自鲜明的个性之中。

学习是校长发展力量的源泉，创建学习型组织是现代学校管理改革的方向。在学习型组织中，校长的角色既是学校的领导者，又是学校的管理者；是学习的组织者，同时也是学校这个学习共同体中的一位学员。

作为领导者，校长要依照法律和国家的教育方针，通过战略策划对学校的资源要素进行整合，明确学校发展的基本理念，树立学校的发展理想与愿景，设计学校的结构和发展策略。

作为管理者，校长要有强烈的使命感，能够自觉地协调与各有关方面的关系，调动校内外的一切积极因素，推进学校的整体改革，为实现学校的理想与愿景，形成学校的办学特色而努力。

作为学习的组织者，校长要通过搭建学习平台，使教职员工在不断地学习、研究、实践和反思中，树立共同愿景，转变思维方式，启迪教育智慧，推动教育创新，在促进学校持续发展的过程中使自身得到发展。

作为一个学员，校长又要坚持以学习求发展，通过先于和融于全校教职员工的刻苦学习，激发创造热情，增长创造能力，增强领导才干。

我们已经有了一支优秀的校长队伍，他们是我国教育事业发展的中坚。我们需要更多的优秀的专业化校长，他们将创造我国教育事业更加光辉的明天！

教师队伍建设与教育均衡发展

——在合肥市包河区教育特色示范区评估会议上的讲话

把教师队伍建设放到实现教育均衡发展目标的背景之下，通过实践探索，实现教师队伍建设与教育均衡发展的统一，这是合肥市包河区的经验给我们的重要启示。

推进教育均衡发展的关键是促进农村地区的教育发展。包河区采取了捆绑的办法，城乡校校结对捆绑，结对学校人员双向交流。这些都已形成制度。同时，他们充分发挥优质教育资源对农村学校的辐射作用，最终达到共同提高的目的。这一经验当然值得我们借鉴。而给我们印象更深的是，他们在推进教育均衡发展的过程中，把重点放在扶植薄弱学校和弱势群体上，通过加强流动人口子女教育示范学校的建设，推动教师队伍的专业发展。

流动人口子女的教育问题是教育均衡发展的一个重要课题，各地都在抓，也创造了不少好的经验，但一般还停留在为这些学生提供一个就读的机会上。而包河区已经把流动人口子女定点就读的学校作为高水平、高质量的学校来建设，这体现了一种很先进的理念，那就是：没有对薄弱学校的倾斜，就不可能改变教育的非均衡状态。因为历史上已经形成了不均衡状态，如果我们继续平均使用力量，那么这种不均衡的状态就将永远无法改变。只有对薄弱的地方多倾斜一点，才可能推动均衡发展。

1998 年，英国工党的竞选口号就是"教育，教育，教育"，连喊三个

"教育"，得到选民的支持。上台以后，它采取的推动教育公平的措施是什么呢？非常具体，就是要建 200 所条件最好的学校，并把这些学校建在教育基础最薄弱的地区，特别是移民聚居的地区，比如巴基斯坦人、印度人、非洲人，还有东欧人的聚居区。到今天他们已经建成了 32 所学校。我曾去参观过其中一所学校，应该讲，我们现在还很少有学校能够达到它那样的办学条件。学校提供给所有学生每人一台笔记本电脑，学校的每个角落都安装了路由器，全校任何地方都可以无线上网。这样，老师每人一台笔记本电脑，可以在学校的任何一个地方办公；学生每人一台笔记本电脑，做完作业可以随时发给老师，老师看完，当时就可以给他发回来。家长如果想了解孩子的学习情况，从互联网一连上局域网就可以看到孩子的作业和老师的批改。这所学校的设施、条件达到这种程度，我们最初以为它是一所贵族学校，其实不然。他们告诉我们，这是英国政府在英格兰地区推行教育公平的重要措施。因为他们认为，越是基础薄弱地区的学生，他们的学习条件就越差，要使他们的学习条件与那些条件比较好的地区接近，就必须花更大的力量扶植。因此，他们要把最好的学校建在最需要的地方，建在教育基础最薄弱的地方。

他们所体现的理念，我在包河区的合肥 29 中看到了。这所学校有比较好的办学条件和比较优秀的师资队伍，有很浓郁的人文氛围，有针对流动人口子女的教育科研课题。学校通过努力，实现了大幅度的教育增值。

在这所学校我们看到，教师队伍的水平在加强流动人口子女教育的过程中得到了很大的提高。由于学生构成具有特殊性，所以老师的关注点很自然地转到研究学生上来。这所学校研究学生多、研究流动人口子女的特点多，所以它的全部的教学活动都有着极强的针对性，如集中探讨怎样对学生进行思想品德教育、怎样提高学生的学习质量。学校不是一般性地研究课堂教学，而是研究课堂教学怎样适应这种类型学生的需要。流动人口子女当中的一些特殊学生存在这样或者那样的问题，学校领导干部就通过联系这些学生，对他们进行研究，帮助他们提高和改进。学校还针对一些学生的许多不良的习惯，进行有针对性的养成教育。在这里，我们看到了教育的真正意义，那就是始终面对学生，帮助学生成长。而在这一过程中，教师的教育教学水平也得到了真正的提高。

不少学校把流动人口子女看成是负担，但合肥 29 中把流动人口子女看成形成学校品牌的最好的资源，通过流动人口子女教育形成办学特色。学校也正是通过这项研究取得的成绩而成为全国的名校。这项研究也振奋了教师的精神，提高了教师的能力和修养。

包河区把教师队伍建设与教育均衡发展有机地统一起来，这个经验非常宝贵。

普拉哈拉德公式

北京市为加强校长队伍的建设，在北京教育学院成立了名校长工作室，30多位在一线工作的名校长进入了这个工作室，进行为期两年的理论与实践研究。我有幸和他们接触，学到许多东西。我总想用最简单的话概括一下这些优秀校长办好一所学校的共同规律，但苦于找不到一种精练的语言来表达。

最近，看到核心竞争力理论的奠基人之一——C. K. 普拉哈拉德（C. K. Prahalad）所写的一本书《企业成功定律》。作者认为，在当今社会，企业要在激烈的竞争中制胜，必须具备"两种核心竞争力"，他把这两种竞争力概括成两个公式：$N=1$，$R=G$。

我感到豁然开朗，这不也是那些成功校长的核心竞争力之所在吗？

普拉哈拉德所说的 $N=1$ 代表：价值是基于每一位顾客独特的、个性化的消费体验的。因为企业即使面对一亿个消费者，也必须学会关注某一个具体的消费者在某一时刻的体验。个人的"中心地位"是重点。

一位好的校长需要具备许多好的素质，对此专家们多有论述。但是，他个人的品德与才华只有转化为全体教师和学生的真实体验，才能成为学校整体发展的动力。我们许多校长的成功并不完全在于他个人的聪明才智，更重要的是，他的心里装着每一位教师，并且引导教师在心里装着每一位学生。

现在，不少校长的理念仍然停留在工业化时代，即试图用一种标准化的规范来统率学校的全部管理活动，并且认为只要有标准化的管理，就会产生预期的高效益。而实际上，教师不同于机器，教师的劳动也不同于机器生产。必要的规范固然重要，但每位教师个性的充分发挥，才是教学活动创造力的源泉。因此，好的校长总是把着眼点放在关注每位教师在学校里的感受上，为每位教师的发展搭建广阔的平台。

教师的教学活动亦如此。过去，我们常常把面向全体学生解读为探讨和采用一种标准化的教学模式。因此，花了很大的力气，进行课堂教学模式的研究，这当然无可非议。但是，把教学方式和方法标准化，却忽略了一个重要的基础，那就是学生其实是不同的，他们的心理和生理状况、学习和生活经历的不同，决定他们有着不同的学习特点。因此，好的校长总是引导教师重视每一位学生在学习过程中的体验，而不是简单地以粗放的"面向全体"取代精细地面向每一个人。

我想，普拉哈拉德所说的个人的"中心地位"，其实就是在管理活动中以人为本的最生动的体现。

他所说的 R = G，R 是 resource 的缩写，即资源；G 是 global 的缩写，即全球。其意是：所有企业都应从全球多个企业甚至竞争者那里获取资源，以形成一个全球化的系统。因为没有一家企业的经营范围和规模，足以满足任何一位消费者在任一时刻的需求。

学校教育作为一项复杂的系统工程，不仅面临诸多不同类型学生的教育问题，也面临诸多历史遗留的和时代提出的难题。一位校长个人的智慧、一所学校积累的经验，是难以完全应对这样纷繁复杂的难题的。而且，条件再好的学校，也不可能具备足以适应教育全部需要的资源。所以，借鉴校外、地区外、国外的所有教育经验以及其他行业的经验，充分利用校内外一切可以利用的物质的、人力的资源，是一位优秀校长成功的重要途径。

现在，有些校长仍然闭门办学，看不到不断发展变化的形势，看不到别人已经取得的经验，也无视存在于全社会的可资利用的丰富的资源。这使得他们在种种难题面前裹足不前。

因此，勤奋地学习、开放的胸襟、广阔的视野，是校长持续发展的不竭的动力源泉。

普拉哈拉德认为：创新，已经完全打破企业内部的界限。一头，需要我们无限地紧贴客户，把商业流程延伸到终端客户的"时刻体验"上来；另一头，需要我们把供应商的资源无限放大，形成全球化的系统。

学校的创新也是如此。$N=1$，要求我们拿起放大镜，看到一个一个具体的教师和学生，关注每个个体的体验，搭建适合每位教师和学生发展的平台。$R=G$，要求我们拿起望远镜，看到整个世界的变化，调动一切可以调动的资源，无限扩大促进学校发展的实力。

这两个公式，不正是极其精辟地概括了许多名校长的共性特征，也极其精辟地概括了许多名校共同彰显的优秀文化吗？

提升校长价值领导力的几个重要环节

对于什么是领导、什么是领导力，许多专家都做过解释。基辛格说："领导就是要带领他的人们，从他们现在的地方，去他们还没有去过的地方。"这句话很形象地告诉我们，维持现状算不上真正的领导，领导就是要带领大家去他们还没有去过的地方，即实现自我超越。

约翰·科特说："领导力是把握组织的使命及动员人们围绕这个使命奋斗的一种能力。"

吉姆·库泽斯说："领导力是动员别人想要为共同的理想而奋斗的艺术。"

尽管专家们对领导力有多种多样的解释，但其基本要素大致相同，即领导者是这样一些人：他们为一个团队确定新的方向或目标；他们从其需要的人那里获得支持、合作及承诺，以便向新的方向迈进；他们有能力激励人们去克服在到达目标途中遇到的障碍。

除去上述专家的解释，我们也可以借鉴我国评价一个城市的指标来评价一个人的领导力。比如：校长的领导力首先表现为他的实力，此外，还表现为他的能力、潜力、活力和魅力。当然，在今天的社会大背景下，校长还需要有一种定力，即较强的自我约束力和自我管理能力。

借鉴企业人力资源开发的理论，校长的领导力应体现在以下四个方面：第一，校长应该有老虎的性格。老虎的特点一是有明确的目标，二是为实现这个目标奋不顾身，不达目的绝不罢休。第二，校长应该有孔雀的性格，即校长要善于向别人展示自己提出的理念与理想之美。第三，校长应该有考拉熊的性格。考拉熊的特点是有亲和力，大家都愿意接近它、喜欢它。第四，校长应该有老鹰的性格。老鹰飞得高，但能观察到细微的动向、善于把握细节。

不管我们从哪方面解释领导力，有一点是必须的，即一个领导者必须有明确的目标和明确的价值取向。

美国的领导学专家 R. J. House 于 20 世纪 90 年代中期提出基于价值观的领导力理论。这种理论认为，领导和其下属的关系是以共同价值为基础的。持有明确而崇高的价值观的领导者，会向组织注入价值观，与跟随者的价值观和情感发生共鸣，把组织理念内化到个人内心，并以此为基础，孕育组织文化，通过愿景表达和管理实践，达到上下一致，激励下属完成工作并提高组织绩效。

看来，提升校长的价值领导力最主要的有四个环节：

第一个环节：校长自身具有明确的价值观。

校长要用价值观影响学校成员，首先自己要有明确的、正确的，而且有较强驱动能力、可以得到大家认同的价值观。这是四个环节中最重要、最基础的一个环节。

第二个环节：校长的价值观体现到自身的行为和人际互动中，并贯彻到学校中。

价值观不是一种"说法"，而是真正地植入行动的一种内心的驱动力。如果这种价值观没有真正内化为校长自身的价值取向、反映在日常的管理行为中，那么学校就可能出现一种二元体系。如有的校长开会时把鼓励教师创新喊得非常响，但只要教师在创新过程中出现一点儿问题，校长的脸色立即就变了。这传达给大家这样一个信息：校长真正希望的是学校不出问题，而不是创新。

第三个环节：校长把价值观外化到学校组织层面。

学校的核心价值观是对学校领导者价值观的"组织化改写"。所谓"组织化改写"就是校长把自己对理念的文本表述转化为学校的管理实践和管理经验。通过"组织化改写",校长可以使学校的发展目标以至学校的全部活动都体现出自己的价值取向。

第四个环节:校长把价值观注入学校的基因,影响学校内外部人员的认识和行为。

"注入学校的基因"即注入学校的每一个细胞、每一个部门、每一个人当中。这是校长实现价值领导力的最高境界,即让学校所承载的优质的价值观能够独立于领导者而存在,并影响到更多的校内外人士。

也就是说,价值领导最终不需要领导。当校长把自己的价值观注入每一个教职工的心中后,他们就会自觉地围绕这个价值观去工作、去创造。从这个角度说,提升校长的价值领导力是学校发展所必需的,是学校真正成为一个优秀的团队所必需的。

校长要做三件事

——读《哈佛商业评论》一篇文章有感

我上小学的时候，体育老师教跳高，就是抬腿、过杆、落地的"蹦腿式"，老师一招一式教得很认真，谁掌握得好就跳得高。上初中的时候，老师教剪式和滚式；上高中的时候，老师教俯卧式，从助跑、起跳、过杆到落地，一步步训练。随着新姿势要领的掌握，我们的跳高成绩不断提高。成年以后，我又见到更先进的背越式跳高，但自己已经没机会学了。

最近看到一份资料，才知道剪式跳高出现后，哈利·波特1908年将奥运会跳高纪录提高到1.905米。此后，每一种新姿势被运用后，奥运会的跳高纪录都被刷新。到1996年奥运会，查尔斯·奥斯丁用背越式创造了2.390米的新纪录。所以，有人将跳高的发展历史归纳为：努力把握已知的最佳模式，同时发现其不足，在此基础上创造出更好的模式。

《哈佛商业评论》刊登了一篇文章，题目是《CEO必须做的三件事》。文章提出，有远见的CEO必须做三件事，这三件事正是被跳高的发展历史所证明的：一是管理现在，二是有选择地忘记过去，三是开创未来。文章指出：公司若想经久不衰，就必须使自己的维持力、颠覆力和创造力保持恰当的平衡，实现这一平衡是CEO的首要任务。

由此我想到，成功的校长不也必须把做好这三件事作为自己的首要任务吗？

一要管理现在，就是要有维持力，要维持现有模式的日常执行。维持性工作做得出色，运行起来流畅高效，学校就会成为一部精良的机器，大量复杂的工作就有如众多的齿轮、活塞和轮轴，有条不紊地相互配合，产生良好的效益。所谓维持力，就是维系、保持的能力。有些校长目标意识很强，而落实意识相对淡漠。他们热衷于制定宏伟的目标，却不认真或者不善于将实现这些目标转化为有效的组织行为，甚至朝令夕改。有些校长自己虽有工作热情，却没有调动起全校师生的积极性，没有通过协调，使各职能部门形成合力，结果不是事倍功半，就是矛盾重重。当然，还有些同志上任之初对学校现状还没深入了解，就急于提出一套改革主张，不仅改革难以推进，而且现行秩序也被打乱。所以，维持不是保守，而是努力把握现在，以创造最好的绩效。

二要发现问题，就是要有颠覆力。许多校长往往只注重做好当前的工作，而不正视学校存在的潜在风险，不关注影响学校未来发展的问题。他们忙于应对众多的短期压力，处理眼前繁杂的事务，学校管理只依靠多年积累形成的一些固有的观念和经验。这些固有的观念和经验往往会变成一种非常强大的"组织记忆"，从而形成学校的单一文化。有时，这种"组织记忆"对于维持传统和现状也许会有帮助，但却难以使学校应对各种非线性变化，以致在问题严重、矛盾激化时不知所措，更谈不上开创新的局面。所以，校长必须善于记忆，但同时也必须善于有选择地忘却；要善于发现学校必须抛弃的东西，包括善于否定自己曾经倡导过的东西。

三要开创未来，就是要有创造力。开创未来就是要通过改革实践，清除发展的障碍，设计并实现新的发展目标。现在，学校都站在落实《国家中长期教育改革和发展规划纲要（2010—2020年）》以及"十二五"规划的新的起点上，都处在转型的过程中，这就要求校长要有远大的抱负、革新的勇气、求实的态度和坚忍不拔的毅力。通过改革创新，使学校的教育思想、管理体制、教育内容、教育方式方法，不断达到新的高度。

　　校长要做的这三件事，并不分先后。为了学校眼下的工作和未来的发展，校长必须同时关注这三件事。发现问题和开创未来，并不是以后才要做的事，而是从一开始就要做好准备，做到三者的协调一致。

　　《哈佛商业评论》中讲了一个很有意思的巧合。印度教虽然是多神教，但主要有三大神：毗湿奴——维持之神，湿婆——毁灭之神，梵天——创造之神。印度教的哲学认为，苍生万物就生活在这维持—颠覆—创造的平衡互动之中。这的确又给我们添了一个新的视角。

教育家与教育家精神

教育家都是时代的产物。在适应社会发展的过程中，教育会面临许多新问题。特别是在社会的转型期，原有的教育理念、体制、方式等培养出来的人往往难以适应社会转型的需求，就必然促使教育的转型。

世界历史上许多著名的教育家多半都出现在社会的转型期，如苏格拉底、柏拉图、孔子、杜威、陶行知，等等。中国现在正处在实现伟大的中国梦的社会转型期，这对中国教育来说既是机遇又是挑战。

现在，社会各界都会从不同角度对教育发表各种看法，提出许多主张和建议，但是每当吸收一些主张和建议做出一项决策的时候，又同样会引发许多人提出不同的意见，这一方面反映出转型期教育活力的张扬，另一方面也反映了转型期教育面临的困惑。

中国目前最需要教育家，也最有可能产生教育家，而且已经有一批教育家从理论和实践结合的角度探索着中国教育改革与发展的道路。

每位教育家都有一个自身成长的过程，没有任何人可以去培养另一个人成为教育家。因为教育家不是温室里的花朵，而是迎风斗浪的海燕。教育家都是在发现问题、研究问题、解决问题的过程中，克服重重困难和阻力，经受次次失败与挫折，最终寻找到解决一个或者多个问题的途径，从而引导教育的改革与发展的。

什么是教育家精神？有定力、有创造、肯担当，这就是教育家的精神。

有定力，教育家要坚定信念。有对事业的热爱，对祖国的忠诚，有自己的教育见解和追求，在探索的道路上奋勇前行，永不懈怠。

有创造，教育家要勇于创新。教育要迎接挑战就必须自觉把握和探索教育规律，教育不应被动地走向未来，而应当主动地创造未来。当前，面对诸多教育难题需要破解，教育家应当成为教育规律的探索者，教育改革的实践者，教育创新的试水人。

有担当，教育家要敢于担当。担当就是高度的责任感，认真负责。对国家负责，对社会负责，对历史负责。教育事业不会一帆风顺，有了担当，就不会因挫折而动摇，不会因嘈杂声音而迷茫。

教育家可以有乐观的心态，但教育家成长的过程不会是一部浪漫史。他会面对很多的坎坷、很多的指责，甚至很多的痛苦。但是，时代需要教育展现新的面貌，教育家正是理想教育的追梦人。

人本・要研磨学生

留下思索的空间

　　学校教育正在向着全面推进素质教育转变，这一转变的重点之一在于提高学生的创新能力。我想家长也应当和学校协同，为了培养孩子的创新能力，从小就给孩子留下思索的空间。

　　督促和帮助孩子完成家庭作业是许多家长每天的任务，但是如何做这件事情，家长们却不尽相同。

　　有些家长以完成得快为唯一标准，鼓励或者呵斥孩子，尽快完成作业。他们有的出于对孩子健康的关心，希望孩子完成作业后，早些休息。有的怕孩子注意力分散，边做作业边玩，拖延时间。这些本无可非议。但是，要求孩子单纯追求速度的时候，就往往没有给他留下思索的空间。

　　有些家长以答案正确为唯一标准，只要孩子的作业做对了，就放心了。答案正确当然很重要，这是学生知识和能力水平的反映。但是，当我们满足于孩子沿着老师或者书本的轨道前进的时候，也往往忽视了给孩子留下思索的空间。

　　而有些家长则以培养孩子的思维能力为重点，不仅重视速度，重视答案正确，更重视孩子在完成作业时的思维过程。我想，这才是培养面向二十一世纪人才的正确的家庭教育方法。

　　联合国教科文组织在1972年发表的《为了生存》的报告中就指出，未来的文盲不再是指那些不识字的人，而是指那些不会学习的人。因为，有些专家认为，在未来，由于知识更新的速度加快，一个人即使受完大学教育，也至多能够获得一生工作和生活所需的知识的 5%，绝大部分需要自己继续学习。因此，学会学习就比学习知识更为重要。同时，信息时代的到来，使人们每天都要面对纷繁复杂的信息，于是，归纳、分析这些信息并做出正确的判断，必然成为更为重要的事情。特别是在一个科学飞速发展、竞争日趋激烈的社会里，墨守成规就要落后，只有具有创新精神和创新能力的人，才有生存发展的可能。这一切都要求人们会思索。而要会思索，就必须从小养成思索的习惯，培养思维的能力。

家长在督促孩子完成作业的时候，最重要的是督促孩子动脑筋。要提示孩子多想几个为什么，要引导孩子变换角度想一想，看一看通过作业可以发现哪些规律，要鼓励孩子大胆推测和"刨根问底"。当孩子要求你帮助他找到正确答案的时候，你一定不要包办，要引导他通过正确的思维途径自己寻求答案。希望孩子勤奋，主要是让他们勤于思索，希望孩子聪明，主要是让他们善于思索。我们要努力减轻学生机械作业的负担，但必须适当增加他们思维的负荷。这样，我们才能为培养孩子们的创新精神和创新能力打下良好的基础。

为了全面推进素质教育，家庭教育的方式也必须改变。请家长和老师一道，给孩子留下思索的空间。

要研磨学生

　　研究学生可以说是一个与教育的产生相伴而生的古老的问题，而我们今天之所以再次将其作为一个重要的课题提出来，一是因为现在的学生变化很大，更加多样化、复杂化。他们的年龄特征、生理特征都与原来的学生有较大的差异。二是因为现在我们对学生的研究由于受到多种因素的干扰而显得十分薄弱，因此有必要加以强调。比如：受片面追求升学率的教育目标的影响，无论是学校还是教师，其关注点都集中在对提高升学率有意义的学生的身上，所以对那些升学没问题的"好学生"和对那些升学无望的"后进生"都关注不够、研究不够。此外，我们在推进课改的过程中，比较多地重视课堂教学呈现方式的转变和通用原则的运用，而忽视针对不同学生的情况研究教学。这种方向性引导的偏差使得教师越来越漠视对教育对象差异性的分析，越来越远离我们所应追求的教育目标。所以在上述背景下，研究学生也就有了特殊的现实意义。

　　笔者之所以将本文的标题定为《要研磨学生》，就是想强调，我们在研究学生时要有"磨"的精神，要研究得更深入、更精细。比如：我们不仅要研究学生在课堂上的情况，而且要研究学生在课下的情况；不仅要了解学生在课堂上表现出来的东西，而且要了解学生在课堂表现背后存在的问题；不仅要了解学生在学校的情况，而且要了解学生在家里和在社会上的情况；不仅要关注学生取得的成绩，而且要研究学生取得这些成绩的过程。这样，我们才能获得对学生更完整、更深入的认识。

当前我们对学生的研究可以在以下三个层面展开。

一是对学生的群体进行研究，把握当代学生的脉搏。现在学生的变化很大，我们不能用过去的眼光看待和衡量眼前的学生。比如：现在的学生大都是独生子女，独生子女所特有的某些特征已经在学生群体中显现出来。所以，我们要特别重视研究现代学生的整体特点，包括他们的价值观，思想意识，道德观念，对世界、国家、社会、个人的看法等。在对学生群体的现状有一个基本把握的基础上，我们还要研究学生目前显现出来的这些特点产生的原因。例如随着年龄的增长，学生在思想、道德等方面对主流价值观的认同程度越来越低，这已成为一种普遍现象。对这种现象产生的原因，我们要做深入的分析，特别是要重视教育自身的负效应问题。

二是对不同类别的学生进行研究。事实上，学生无论在价值观方面还是在学习方面都大致分为几种类型。我们现在十分缺少这方面的研究，所以难以针对不同类型的学生进行教育。特别是在大班化的背景下，我们更应该重视对学生的分类研究。因为在此背景下，对一个一个个体的研究可能难度比较大，但我们至少要对不同类型的学生的特点有所把握，并注意选择不同类型中的个案进行分析。现在英国教育部提出要专门研究那些身在课堂但心不在课堂，不发言也不参与活动，亦不被教师关注的"隐形学生"。他们认为，这些学生构成了学习差的学生的一种重要类型。英国的这种分类研究值得我们借鉴。在此需要强调的是，在分类研究中，我们不仅要关注弱势群体（即人们常说的"后进生"），而且也要关注优势群体（即人们常说的"好学生"）。现在由于我们对"好学生"的研究很不够，所以也出现了一些问题。

三是对学生的个体进行研究。个体研究的基础是推进小班化。一些专家认为，中国在"普九"后，义务教育阶段提高教育质量的一个重要途径就是推进小班化。我们现在大班和超大班过多，这样很不利于对学生个体的研究。除此之外，教师的个案研究意识不强也是导致我们对学生个体研究不够的一个重要因素。班主任和任课教师习惯于把一个"班"作为一个思考单元，而忽视对一个一个学生的了解和把握。所以，只有"有教无类"是不够的，还必须"因材施教"，而要做到这一点，前提就是要研究学生。

在明确了研究学生的三个层面后，我们还要特别强调研究学生对于教师队伍建设、对于教师个人的专业发展、对于我们达成教育目标的本源性意义。

提高教育质量必须以教师的发展为本，这是毫无疑问的。但是教师队伍的建设又应该以什么为本呢？我想，应该以学生的发展为本。我们要将教师队伍建设的着眼点放在使教师面向全体学生的全面发展上。因为教师是在促进学生发展的过程中实现自身的价值的，是在与学生互动的过程中发展自己的。

我在安徽合肥市的一所小学参加了一次十分生动的有关教师专业发展的论坛活动。教师们发言踊跃，现场气氛热烈。最后，主持人指着桌上放着的十个插满鲜花的花瓶，请老师们选出十个有关教师专业发展的要素，然后将其写成纸条分别贴在每个花瓶上。老师们写了"刻苦自学""专家引领""研磨课程""相互沟通""网上教研""参加培训""树立理想"等九条。在欣喜之余，我望着桌上第十个未被贴上纸条的花瓶感到些许遗憾，那里本来应当贴上一张写着"尊重学生"四个大字的纸条。因为只有在尊重学生、为学生的主动发展服务的过程中，教师才可能实现自身的专业成长。从这个意义上讲，研究学生、尊重学生无疑是教师专业发展的一个重要因素。教师可以想一想，没有学生的智慧，没有学生的成全，你能当得了名师吗？我们总是让学生感恩，我想，我们教师也应该感学生之恩。因为没有这么多学生的成长，又怎么谈得上教师的成长呢？我们不应把学生当作教师展示个人才艺、实现自身专业发展的工具。教师的伟大，归根结底是使学生成长起来了。所以，教师培训的根本任务就在于提升教师为全体学生服务的情感、智慧和能力，而不是脱离学生去谈教师业务水平的提高。同时，教研工作的着力点也应该放在怎样去了解学生、怎样针对学生的不同情况促进学生的全面发展等方面。

　　我们现在花许多精力研究一节课怎么上好，这当然有必要。但值得注意的是，在不少研磨活动中，"这节课怎么上好"变成了一种与学生无关的事，即教师面对谁都如此这般讲授。在各种公开课上，这种目中无学生的课有时还会得到专家的好评。但是，教育学是人学，是研究人的学科，学生的情况是教师教学的依据，学生的成长是教师取得成就的重要标志。所以，我想，研磨学生是研磨课的前提；研磨课难，研磨学生更难。最好的课不仅仅是符合一切教学原则的课、专家认同的课，更应当是适应不同学生需要的课。学生群体有一些共性的特征，但不同的学生还会有不同的特点，对此我们必须予以关注。比如：如果我们的教学对象是流动人口子女，那么，教师在备课时就要首先备这些学生的情况，研究他们的特点，然后再考虑如何针对这些特点上好课。

　　现在，英国评价教师是用实际成绩与预期成绩比，通过比较，得出一个正的或负的增加值，即增值数。教育就是要努力实现正的增值，这就需要我们研究人。对于一位教师来讲，如果他根本不了解学生，甚至连学生的名字都叫不出来就去给他们上课，那么他可能上了一堂很漂亮的课，符合一切一般性的原则，但就是不符合一条——教育就是要使具体的人发生变化。所以，我们在教学研究中，不仅要彰显教师教学的科学性，以使其符合普遍规律；更应该彰显教师教学的艺术性，以使其适应学生的个体需要。这样的课才是为学生服务的，才是教育。

　　我们要把研磨学生摆在比研磨课更重要的位置，在研磨课之前先研磨学生，研究在一个学段内促进不同学生发展的经验。比如英国没有赛课活动，他们不看教师一堂课怎么样，而要看经过一个学段的教学，学生能不能达到或者超过预期的目标。我们现在也应该有这个耐心。教研工作应当由华丽变为朴素，由单纯地适应某些专家的眼光变为适应不同学生的需要，由一节课的辉煌变为使不同学生终身受益的辉煌。这应当成为教师职业理想的出发点。

　　对教师的评价要体现过程与效果统一的价值观，特别要强调局部价值与整体价值统一的价值观、瞬间价值与终极价值统一的价值观。在评价中，要看教师在多大程度上促进了学生发展的增值，引导教师以使学生获得生命价值的增值为根本目标，而不单纯追求一节课的璀璨。

在促进教师对学生的研究方面，学校领导要起引导作用，包括方向的引导、方法的引导、制度的引导、评价的引导以及示范的引导。比如：合肥 29 中是一所农民工子弟学校，校长把教师认为最难教育的几个学生作为自己的联系对象，对他们进行研究。这就是示范引导。在制度引导方面，中国科技大学幼儿园要求每位教师都研究学生的个案，都为学生记观察日记，看看孩子这一周出现了什么情况、表现出什么特点，然后有针对性地解决问题。我想，这才是教育，因为教育是一种促进每一个个体发展的活动。

塑造更好的自己

2006年9月9日，在清华大学举行了中日素质教育论坛。多年担任日本教育学会会长的资深教育家大田尧先生和我先后在论坛上演讲。大田尧先生已80多岁，依然精神矍铄，他的演讲发人深省。

他说，日本虽然没有素质教育的提法，但有类似素质教育的理念。他认为，日本开放早于中国，中国从西方引进的一些概念，多数经由日本翻译而来。有些翻译得好，有些翻译得不好。比如"教育"这个词日本就没有翻译好。他认为，人是不能依照我们的愿望去"教"和"育"的，我们也不可能按照自己的愿望把人塑造成我们所设想的样子，每个人只能依照其自身的个性发展。

虽然我们的见解不尽相同，但听了他的演讲后，我还是觉得得到很多启示。

长期以来，我们不少教育工作者把教育方针理解为教育模式。德、智、体、美，本来是指人的基础素质的结构要素，但是，却被当成了人的培养规格。一些学校制定出每个方面的指标要求，并以此作为培养目标。他们不问学生的禀赋如何，试图使所有的青少年在基础教育阶段都达到这些规格要求。在他们看来，这就是教育。这样，即形成了一种以均衡发展代替全面发展，又以平均发展代替均衡发展的教育观念。于是，素质教育由一种扬长补短的教育变成了一种填平补齐的教育。为了让学生达到统一的规定要求，教育者常常要抑制学生发挥优势，而着眼于为其弥补不足。正如在许多年前一些教育专家就曾指出的那样，我们的教育就好像是在制作元宵馅，将馅压在一个个木格子里，最后倒出来的是大小相同的方块。

但实际上，我们又从来没有培养出理想的一模一样的全面发展的人。每个人总会有某些方面的优势，又总会有某些方面的不足。这充分说明，人生来即具有不同的智能结构，成为人才的人总是那些基础素质良好而优势智能得到充分发挥的人。所以，全面发展不仅指基础素质的全面发展，而且指基础素质与个性特长的全面发展。就像我们经常比喻的，基础素质就像图钉帽，个性特长就像图钉针，帽与针结合才可称为图钉，基础与特长结合才可称为人才。所以，我们切不可不顾不同学生的个性与特长，用统一的模式去培养人。

从这个意义上看，确如大田尧先生所言，教育本是学生自身主动发展的过程。树立他的自信，适应他的需求，激发他的兴趣，然后，引导他塑造更好的自己，这才是真正的教育，才是家长和教师应当承担的责任。以家长和教师的主观设计与安排代替学生的主动发展，以家长和教师对学生的刚性要求与规范代替学生的自觉行为，这些都有悖于教育的真谛。

教育学是人学，脱离了人的发展就不是教育；脱离了研究人，特别是脱离了研究不同类型、不同个体的人的发展，就不是真正的教育学。最近，我参加了一所小学举办的教师专业发展论坛，教师们发言踊跃，生动活泼。最后，主持人指着桌上放着的十个插满鲜花的花瓶，请老师们列举自己认为对教师专业发展来说最重要的因素，然后将其写成纸条分别贴在每个花瓶上。老师们写了"刻苦自学""专家引领""相互沟通""网上教研""树立理想"等9条。在欣喜之余，我望着桌上第十个未被贴上纸条的花瓶感到些许遗憾，那里本来应当贴上一张写着"尊重学生"四个大字的纸条。因为只有在尊重学生、为学生的主动发展服务的过程中，教师才可能实现自身的专业成长，而这常常被我们所忽略。

　　一位民乐专家在和我谈起中西乐器的比较时认为，中国传统乐器的表现力有着更多的不确定性，如古筝、二胡、琵琶、唢呐等的发音都会因演奏者技巧与情感的不同而体现出鲜明的个性。同一个音可以有许多不同的表现方式，这和西洋乐器有着明显的不同。这让我不禁想到，如果我们的教育也能像演奏中国乐器一样，充分把握和展现每个学生鲜明的个性，那将会交汇成多么华彩的乐章啊！

关注学生的心理感受

我们常讲，做事要符合教育规律。我想，我们所有涉及教育的活动都应当首先关注学生的心理感受。

一位高中校长对我说，最近有关部门要求"三限生"在高中入学时一次性缴纳三年的所有学费，以后每学期只缴杂费。这样一来，"三限生"在高中三年的每个学期开学时，都会感受到自己与其他同学的不同。其实，"三限生"只是在入学考试时分数稍低一些，一般来说，经过一两个学期的努力，他们的学习成绩就会有很大的变化。但实行上述缴费办法后，这些学生在整个高中阶段都会被贴上"三限生"的标签。这位校长说，不知道这项规定的制定者是否想过学生的心理感受。

我相信，这项规定的制定者的初衷是维护学生的利益，但是，常常有许多出于对学生关怀的举措，却由于不考虑学生的心理感受而达不到预期的效果，甚至产生许多负效应。

从教育研究者的角度看，对不同背景的学生的特性进行专门的研究，从而寻找更适合于他们的教育途径，无疑是必要的。有些学生由于其生理或某些方面存在特殊性，所以构成了一个特殊的群体，需要接受特殊的教育。比如，智残、肢残儿童，再比如，一些智力确实超常的儿童等。即使是对这些学生，我们也倡导施行随班就读等主流化的教育方式，以帮助他们融入主流人群，避免其产生心理障碍。

现在的问题是，我们常常把那些与其他学生并没有生理和心理差异的学生加以特殊化，把他们当作一个特殊的群体来对待。

比如，将家庭贫困的孩子编在一个班，或者成立一个专门的学校让他们就读。其实，这些孩子并没有接受特殊教育的必要。过去，享受助学金的学生不是和其他学生一道编班学习的吗？在某个上述类型的学校里，我看见学生宿舍的墙上贴着"每日四问"。第一个"问"就是："你忘记你来自哪里了吗？"当然，学校这样设计的目的是让学生记住自己来自贫困家庭，应当心存感恩之心，并将感恩之心变成励志的动力，而事实上，这样做可能使学生形成强大的心理压力。一位这种类型学校的校长对我说，有些学生由此产生了逆反心理，他们认为社会不公平，为什么别人可以正常地生活，而自己的一举一动都要受到约束。有些这种类型的学校甚至出现了犯罪率上升的现象。

再比如，全社会都关注的流动人口子女的教育问题。从体制上解决这些孩子的受教育问题，无疑是政府的责任，是教育公平的体现，也是执行义务教育法的底线。但是，保证他们的受教育机会与将他们看成特殊的教育群体并不是一回事，与给他们中的每一个个体都贴上一个特殊的标签更不是一回事。农民外出打工，其子女随行，我们称之为"流动儿童"；其子女留在家乡，我们称之为"留守儿童"。社会对他们的特殊关怀，应当在不给他们带来心理伤害的前提下进行。不是每个孩子都愿意让人把自己看成是弱势群体中的一员的，他们需要关怀，但他们更需要的是人格上的平等。

还有，我们的教育研究对是否构成具有共性特征，特别是具有不良共性特征的群体划分，需要更多的实证支撑。比如，独生子女的研究，单亲家庭子女的研究等。这种研究不应当停留在一般性的演绎推理上，而需要做全面、深入的调查。在教育活动中，我们特别要避免随意给孩子贴上这样或那样的标签，而使他们在心理上疏离于主流群体。

我们的孩子需要更多的关爱，但我们绝不能人为地将孩子切割成不同的群体，来体现这种关爱的特殊性。要时时想到学生的心理感受，把关爱蕴涵于正常的教育活动之中。我们不要认为只要动机是善良的效果就一定好。其实，教育本身就是一个过程，学生接受教育就是在体验过程。如果我们不重视对过程的研究，或者将某种具有宣传意义的过程等同于教育过程，那就会违背学生身心发展的规律，造成对学生的心理伤害，甚至产生适得其反的效果。

现在，出现了一种偏好特殊群体划分的动向，我想，在这种情况下，我们采取任何教育举措时，都要考虑一下学生的心理感受，以使每个学生都能享受一个愉快的、接受关爱的教育过程。

面向"非理想"的学生

格林斯潘在他的回忆录《动荡年代》中写道:"如果想要创造一个经济学的范式,你就需要对经济活动的主体——人,有更深刻的了解。"经济学的研究需要更深刻地了解人,教育学的研究更应如此。

有些人认为,教育学至多是一门准科学,这不无道理。因为我们总是以理想的人作为对象来研究教育模式,正如亚当·斯密的《国富论》几乎把所有人都看成是"理性经济人"一样,我们的教育学也常常把学生都看成是"理想的学生"。于是,我们探索出许许多多以"理想的学生"为对象的规律和模式,以为它们可以在每个学生身上发挥教育作用。当然,这些规律和模式都可以为我们提供指导和借鉴,但它们在实践中往往并不能取得预期的教育效果,这是因为实际上并不存在"理想的学生"。所以,曾经多年担任日本教育学会会长的大田尧先生认为,学校是不可能按照一种模式培养出你所需要的那种人的,因为不同的人只能依照他自身的特性来发展。因此,不同的人的发展存在着各种未知的变量,恰恰是这些未知的变量制约着我们的教育效益,使它充满变数。

教育学需要探讨模式,但是我们绝不能将这些模式神化,并且凭借权威不加区别地推行这种模式,甚或将这种模式作为唯一的标准来评价教育教学工作。我们要重视研究不同的人在自身发展过程中的变量,这样才能减少其对教育效果的制约。

教育面对的人,是不同时期的不同的人,我们用统计学计算出来的种种概率，有助于我们做出宏观的判断，但是，随着转型期社会的快速变化，这种带有普遍性的结论往往并不具有很强的延时性。有时，可能在短时间内，情况就会出现明显的变化。仅从 2007 年对北京市高中学生思想道德发展水平的一项调查来看，与前几年相比，高中学生在对诚信的认同与践行方面就存在显著的负增长，而参与网络游戏和网络聊天的学生的人数又有显著的增加。教育研究如果不认真关注这种变化，只以一般的眼光来看待现在的学生，只用过去探索的规律来指导现行的教育工作，就极易陷于盲目。每个学生的智能、性向以及原有的学习史造成的发展基础与水平的差异决定了他与别人的不同，因此，影响每个人内因发挥积极作用的外因也不尽相同，可以说，教育学发展的原动力就来自这一个个不同的"非理想"的人。如果我们的教育研究只停留在对一般规律进行研究与应用的层面，以假设的学生逃避现实的、具体的学生的挑战，并以固定的模式为标准，对教育教学工作作出评价，那么我们就难以真正引导学校和教师面对现实的、个体的差异，就会限制他们对教育效果的预测能力，当然也就难以发挥学校和教师的创造性。

当前，坚持教育公平是我国基本的教育政策，规范学校的教育行为是建立良好的教育秩序之必须。但是，如果我们不能给不同的学生提供适合于他们的不同的教育机会，误把对所有学生进行同样的教育视为公平，那么，就不仅会导致实际结果的不公平，而且很可能导致起点上的实质性的不公平。如果我们把规范教育行为变成以统一的标准要求学校和教师，误把循规蹈矩、整齐划一的标准视为规范，那么，就不仅难以激发学校与教师的活力，而且很可能导致种种违规行为的发生。

现实生活的挑战催生了新的探索，教育学需要走出象牙塔，直面教育现实并回应现实的挑战。这就要求我们打破教育学已有的边界，不断为其注入新鲜、生动、活泼的元素，实现返璞归真，使教育活动真正面向所有的"非理想"的学生。

多为孩子用点心思

最近，台湾一位教育界的朋友寄给我一篇发表在台湾报刊上的短文，读来很有意思。其中一段是这样写的：

"我儿子正在读高二，考了一道历史题：成吉思汗的继承人窝阔台，公元哪一年死的？最远打到哪儿？儿子答不出来，我帮他查找数据，所以到现在我都记得，是打到今天的匈牙利附近。在一次偶然的机会，我发现美国学校考世界史时，这方面的内容不是这样考的。他们出的题目是：成吉思汗的继承人窝阔台，当初如果没有死，那么欧洲会发生什么变化？试从经济、政治、社会三方面分析。有个学生是这样回答的：'这位蒙古领导人如果当初没有死，那么可怕的黑死病就不会被带到欧洲去，后来才知道那个东西是老鼠身上的跳蚤引起的鼠疫。如果没有黑死病，神父跟修女就不会死亡。神父跟修女如果没有死亡，人们就不会怀疑上帝的存在。如果没有怀疑上帝的存在，就不会有意大利佛罗伦萨的文艺复兴。如果没有文艺复兴，西班牙、南欧就不会强大，西班牙无敌舰队就不可能建立。如果西班牙、意大利不够强大，盎格鲁—撒克逊就会提早200年强大，日耳曼就会控制中欧，奥匈帝国就不可能存在。'教师一看，说：'棒，分析得好。'但他们没有分数，只有等级——A！其实，这种题老师是没有标准答案的，可是大家都要思考。"

这篇短文的标题是《人家在培养能力，我们在灌输知识——大人啊，多为孩子用点心思吧！》。

文章说的是台湾的教育，但文中的情况我们并不陌生。这里有一个海峡两岸共同遇到的人才培养模式问题，就是如何处理教学过程中知识和能力的关系。

首先，尽管我们近年来一直强调培养能力，但是从总体上看，我们的教学还是很难摆脱知识本位教育模式的窠臼。我们的教学活动在很大程度上还是一种知识循环：教师将书本知识传授给学生，学生记住这些知识，然后在考试时再把它们答给教师。教学过程中几乎没有什么增值。学生需要死记硬背的东西很多。从深层次分析，这是学生课业负担过重的主要原因之一。当然，掌握广博的知识是形成能力的基础，但是，以学习知识、特别是死记硬背的知识为目的，肯定是无法培养创新型人才的。《国家中长期教育改革和发展规划纲要（2010—2020 年）（公开征求意见稿）》（以下简称《纲要》）明确提出："坚持能力为重。优化知识结构，丰富社会实践，强化能力培养。着力提高学生的学习能力、实践能力、创新能力，教育学生学会知识技能，学会动手动脑，学会生存生活，学会做事做人，促进学生主动适应社会，开创美好未来。"这从一个侧面回应了培养什么人的时代要求，明确了教学改革的核心价值取向。

同时，尽管我们近年来一直强调启发式教学，但是学生在教学过程中，表面的、局部的、浅层的思考多，而真正深入地分析和思考问题的机会少。多年来，我们善于帮助学生在掌握知识的过程中分散难点，从而将一个完整的问题化解为一个个小的问题，这种小步子、阶梯式的教法，固然也是一种思维训练，但是由于其缺乏整体性，学生很少进行比较完整的独立思考，所以也就难于真正提高思维能力。可以说，要让学生产生好的、创新性的想法，就必须先使他们有许多想法。而对我们的学生而言，在教学过程中主动提出许多想法的机会就更少。印度在中学所有学科的课堂教学中都推行"高级思维技能"培养（包括理解技能和批判性思维），强调以应用为基础的问题解决，反对机械学习。以色列教育部门在中学实施"优秀 2000 计划"，目的是树立学生的创新观念，使学生具有数学的、技术的、经济的综合思维能力。可见，加强学生思维能力的培养已经成为当前各国教学改革亟待解决的问题。《纲要》提出："注重学思结合。倡导启发式、探究式、讨论式、参与式教学，帮助学生学会学习。激发学生的好奇心，培养学生的兴趣爱好，营造独立思考、自由探索的良好环境。"这正切中教育的时弊，在回答怎样培养人的问题上体现出鲜明的针对性和导向性。

总之，为了创新人才培养模式，真正做到学思结合，我们还需要做很多努力。正如前面所引文章的副标题所说，我们在教学改革上，确实应当"多为孩子用点心思"了。

学与"被教"

最近，一份资料显示，国外许多企业都愿意聘用中国人担任执行部门的职务，因为中国人能够很好地领会领导的意图，认真制订落实决策任务所需的方案，并最终保证计划的完成。这当然是一种肯定，但我们也能从中听出弦外之音：中国人难以在决策和创新的岗位上发挥更大的作用。这个信息当然不一定全面，但确实从一个侧面反映了我国人力资源的现状，而且从更深层次上讲，也反映了我国教育的薄弱环节。

2010 年 9 月，在西安高新第一中学举办的国际教育论坛上，牛津大学校长的代表柯林斯教授的发言更印证了这一判断。他说：在牛津大学学习的中国学生展示的是良好的中国基础教育。中国的基础教育比今天的西方教育更多地强调让学生获取主要技能，这些对学生在任何一所知名大学进一步学习都是必需的。如果一定要我强调中西方基础教育的不同之处，那么我想说，西方学生是"自己学"而不是"被教"。

我想，他的话精辟地点出了我国基础教育的优势与弊端，即重视学生对主要学科知识和技能的掌握，但忽视学习过程中学生的主体地位。由此我想到，改变学生从小形成的被动状态，不仅是教育改革和课程改革的关键，也是我国人力资源开发和创新型人才培养的首要任务。

教育必须有爱，但在不同的文化中，爱的方式的确有很大不同。我国家长把"再苦不能苦孩子"当作至理名言，把无微不至的关怀当作神圣的职责，为孩子设计人生的道路，甚至代替孩子做一切本该由他自己做的事。我国教师则负责传道、授业、解惑，学生的"道"要靠教师"传"，"业"要靠教师"授"，"惑"要靠教师"解"。特别是在长期以应试为主要目的的教学中，考试的标准答案掌握在教师手中，即意味着真理在教师手中，能记住教师话的学生就是好学生。我们的孩子就是在这种被动的情况下度过他们的青少年时代的。在这种框架下，好学生无疑是好的执行者，但很难成为有自主精神和创新能力的人才。

一位在美国生活多年的女士曾这样介绍美国的婴幼儿教育：美国人十分重视人的独立性和自力更生精神，因此，从孩子一岁半起，就开始培养他们的自我服务技能。美国人认为，自我服务技能的掌握，可以增强婴幼儿的独立性和成功感，使婴幼儿和家长都受益。婴幼儿的自我服务技能包括：系鞋带、穿衣服、扣纽扣、拉拉链、洗脸、刷牙、梳头、吃饭、上厕所等。美国幼教工作者非常强调为婴幼儿提供大量的机会，要求家长密切配合，以使婴幼儿的自我服务技能在家里尽可能得到强化。这种实践确实值得我们借鉴。

当然，更重要的是支配这种实践背后的理念。也是这位女士介绍，在美国，尊重孩子不仅仅是因为他们年龄小，需要爱护、关心和培养，更因为他们从出生起就是一个独立的个体，有自己独立的意愿和个性。无论是父母还是教师，都没有特权去支配或限制他们的行为。特别是孩子在以后的成长中，在大多数情况下，师长都不可能代替他们对客观事物做出选择，所以要让孩子感到"自己是自己的主人"。

"自己是自己的主人"，这是对以人为本的诠释，是具有高度责任感的体现，更是一种最深刻的爱。父母对子女不仅应当爱在眼前，更应当爱在未来。

杜威在《我的教育信条》中说过："儿童自己的本能和能力为一切教育提供了素材，并指出了起点。除了教育者的努力是同儿童不依赖教育者而自己主动进行的一些活动联系以外，教育便变成外来的压力。这样的教育固然可能产生一些表面的效果，但实在不能称它为教育……如果它碰巧能与儿童的活动相一致，便可以起到作用；如果不是，那么它将会遇到阻力、不协调，或者束缚了儿童的天性。"

我们在推进素质教育的过程中强调面向全体学生，在课程改革中强调突出学生的主体地位，并且对探究性学习、合作学习以及社会实践活动给予了安排，取得了一定的成效。但是，实现学生从"被教"到"自己学"的转变，还要以教师实现从"教"到"为学生的学习和发展服务"的转变为前提。这需要社会和家长的认同，需要突破应试文化的重重包围，的确不是一件容易的事。但如果我们始终做一些表面文章而不触及这一根本问题，那么，不仅创新型人才的培养会受到影响，而且教育从扭曲回到原点也依然是一种梦想。

霍懋征的大爱教育

近日，霍懋征教育思想研究会成立了，这是一项纪念霍懋征老师、继承和发扬优良的教育传统、全面推进素质教育的重要举措。

霍懋征老师是一本教师教育的教科书。从她那里，我们知道了什么是伟大的平凡。她告诉我们，素质教育就是高素质的教师进行的教育。在没有"素质教育"这个概念的时候，就已经有许多像霍懋征一样的高素质的教师，一直在实施着卓有成效的素质教育。如果没有高素质的教师，素质教育将永远是空谈。

霍老师的一生为中国的教育事业积累了宝贵的财富。她从教一生的许多激动人心的故事，让我们深受感动，备受启迪。她用一生谱写了充满人间真爱的诗篇。

爱与尊重是教育的核心，将大爱寓于尊重之中是霍老师教育思想根本的价值取向，也是贯穿在她全部教育活动中的一条红线。

教师对学生的爱是勇于和善于承担起教育责任的基础，没有爱就没有教育，但并非所有的爱都等于教育。霍老师那么深沉的爱，正是体现在她用情感与科学对孩子进行的一点一滴的浸润之中。

她爱学生重在了解。对孩子成长的规律，对孩子每种能力发展的敏感期，她都悉心把握。她告诉我们，要多观察、研究孩子，要知道他们在想什么、生活是否快乐、需要何种呵护、渴望哪些帮助。多了解孩子，是实实在在爱孩子的前提。

她爱学生重在交流。她将深藏于内心的爱，转化为师生之间的深厚情感。师生之间的那种交谈、嬉戏，甚至一个微笑、一个眼神，都滋润着孩子，令他们人性丰满。

她爱学生重在引导。她认为，教育孩子的首要任务是让他们学会做人，这需要教师的不断引导。教师对孩子的放纵或者掉以轻心，都会造成孩子是非的模糊，道德的缺失，甚至行为的失范。所以，她从不忽视对学生的引领。

她爱学生重在尊重。孩子的人格需要一个以生命开始为起点的成长过程，孩子的主动发展源于自信，健康成长源于自强。而对孩子人格的尊重，是培养孩子自信、自强的动力。因此，孩子的任何错误和缺点的出现，都是成长道路上留下的足迹。霍老师从不意气用事，伤害孩子的心灵；从不用"动机是好的"作为原谅自己教育失误的借口。

她爱学生重在示范。学生总是以教师的行为、情感、意志、性格、为人为榜样的。小学时代是一个人的最佳模仿期，教师希望孩子成为什么样的人，自己就要首先去做那样的人。霍老师正是将追求完美的自我作为教育孩子的最好途径。

我们常常把"没有爱就没有教育"挂在嘴边，但又常常将它变成不着边际的宣言。爱是点点滴滴的，情是实实在在的。那点点滴滴所渗透的深深的爱，那实实在在所融入的浓浓的情，才是教育的真谛，才是教育工作者神圣的追求。

霍老师的伟大在于她不仅爱孩子，而且会爱孩子，会科学地爱孩子，她使爱真正成为发挥教育功能的爱，使爱内化为学生成长的方向和力量。

胡锦涛同志希望广大教师"静下心来教书，潜下心来育人"，这体现了他对教师职业心态的高度关注。的确，良好的职业心态是教师专业发展的基础，也是其应有的内涵和重要目标。霍老师不仅重视专业知识的拓展、专业能力的提高，而且始终保持着良好的职业心态。这种积极的心态促使霍老师潜心研究教育教学规律，进行孜孜不倦的探索，不断有所发现、有所创新。她的一生告诉我们，静心才能精心，潜心才出智慧。

霍老师作为一位普通的小学教师，在自己的岗位上踏踏实实地为学生的成长服务，没有做什么惊天动地的事，她是平凡的；但她秉承国家意志，面对社会期望和家长重托，以高度的热情、饱满的精神、超人的智慧、完美的艺术，培养了一代又一代社会主义建设者和接班人，成为人民教师的楷模，因此，她又是一座伟大的丰碑。

霍懋征教育思想研究会将深入开掘和传播她的精神、她的理念、她的思想、她的经验，指引一代又一代教育工作者沿着她的道路前行。我想，这是对霍老师最好的纪念。

倡导"零起点"教学

这是一个悖论——

小学新生在幼儿园或者辅导班已经学了汉语拼音、识字、算术运算，甚至英语会话，如果老师再从头教起，那么很多孩子就会失去兴趣，甚至厌学。于是，小学在一年级不得不尽量简化本属于教学计划中的内容，以较快的速度完成起始阶段的教学。

幼儿园孩子的家长看到小学一年级加快了教学进度，于是强烈要求幼儿园提前教授小学阶段的知识，或者索性为孩子报相关的辅导班。于是，幼儿园教育小学化成为相当普遍的现象。

就这样，小学教育与幼儿园教育功能错位、相互干扰，造成难以排解的纠结。

当然，这其中还有许多其他的因素。

一是部分小学为应对择校，不得不以面试或类似的办法作为选择学生的依据或托词；而面试往往是以上述基础知识和基本技能为主要内容，甚至还有更高的要求。于是，为了让孩子上好一点的学校，家长不得不让孩子超前学习，幼儿园也不得不提前进行教学。这是机制动力。

二是在相当长的一段时间里，一些早期智力开发理论在我国幼教界影响很大，部分幼儿园以此为办园的主导理念；而这种早期智力开发又往往以孩子认识多少字、会多少算术、学多少英语为标志。这为幼儿教育的功能异化披上了理论的外衣。这是理念动力。

三是部分幼儿园希望以特色创品牌，他们往往打着国学教育、双语教育等旗号，单纯在认知方面下功夫，忽视幼儿身心的全面发展。这是营销动力。

四是在一些地区，相当一部分幼儿教师是由小学教师转任的，这些教师习惯使用小学传统的教学方法；而学前班和小学在一起，基本依照小学的方式进行管理和教学，所以小学化在所难免。这是习惯动力。

当然，说到底，这是"应试教育"层层下压带来的后果，彻底解决这个问题有较大难度。但为了孩子们的未来，为了祖国的未来，我们必须坚定不移地应对挑战，寻求突破。

在幼儿教育领域，为深入贯彻《国家中长期教育改革和发展规划纲要（2010—2020年）》以及《国务院关于当前发展学前教育的若干意见》，教育部制定了《3—6岁儿童学习与发展指南》（以下简称《指南》），明确了幼儿的学习与发展领域以及每个领域所包含的内容。《指南》指明了幼儿教育的发展方向，特别强调要关注幼儿学习与发展的整体性，尊重幼儿发展的个体差异，理解幼儿的学习方式和特点，重视幼儿学习品质的培养。

但是，由于受到上述多种因素的干扰，目前幼儿园在贯彻《指南》方面阻力重重。在此情况下，我们可以从改变小学教育，即改变幼儿园教育的"出口"要求入手，解决上述问题。最近我非常高兴地听到，上海市以及部分地区明确了小学一年级"零起点"教学的要求。这为问题的解决找到了一个很好的切入点。

"零起点"教学是指小学一年级一律按照教学计划规定的进度，将所有学生均视为"零起点"，所有课程的整体教学过程都从零开始，循序渐进，不迁就提前学习的学生。这样，过早在幼儿园或者辅导班进行"跨越式"学习的学生就可能得不偿失。使用这种"倒逼法"的目的是使小学教育和幼儿园教育都能回归自身的本位功能。当然，在过渡阶段，教师可以组织提前学习的孩子自行游戏或活动。

　　我想，小学"零起点"教学是尊重教育规律、促进孩子身心健康发展的重要举措。

　　20世纪60年代，美、日、苏等国在冷战和"知识爆炸"等因素的压力下，都遵循高、新、难等原则，推进中小学课程改革，教学内容逐级下放。尤其是美国心理学家布鲁姆关于儿童早期智力发展的观点，受到许多国家的重视；加强早期智力开发，成为美、苏、日、德等国教育改革的重要内容之一。在这种情形下，人们倾向于把早期教育片面理解为早期智力开发，导致"智育中心"主义盛行，忽视学前儿童社会性和情感的发展。

　　20世纪80年代以来，各国教育工作者都呼吁要尽快纠偏。1985年6月在日本召开的"日、美、欧幼儿教育与保育会议"的核心内容，就是倡导从"智育中心"转向幼儿个性的全面发展。人们意识到，各"育"之间是相互联系的，儿童社会性和情感的发展应被看作其智能发展的一个重要组成部分。

　　因此，采取措施，应对挑战，坚守小学教育的本位功能，坚守幼儿教育的核心价值——每个孩子都重要，每个孩子都健康，每个孩子都快乐，无疑是我们应当采取的积极态度。

把握教学改革的平衡点

2014 年 5 月，"中加教育论坛"在加拿大举行。其间，我们考察了当地的中小学和幼儿园，并就教育教学改革问题与加方进行了交流。我问多伦多教育界的朋友："你们认为，当前教学改革的难点到底在哪里？"他们说："难就难在把握以学生为主体与以教师为主导之间的平衡点。"我想，把握教学改革的这一平衡点确实触及当前教学改革的深层次问题。

从以课程为中心向以学生为中心转变，是当前世界教学改革的动向之一。课程是学校全部教育活动的载体，是学校教育的基本途径。但是课程常常更多地体现教育的共性目标与基本要求，体现教育者对教育活动的预期，因而难以充分体现受教育者的个性与需求。当我们明确教育不仅要为实现教育者的培养目标服务，而且要为每一个受教育者的一生发展奠基时，我们就自然会从单纯强调以课程为中心，向以学生为中心转变。这充分体现了以人为本的理念。

我们在学校教育中谈以人为本，当然首先就要以学生为本。一要面向全体学生，促进学生的全员化发展。英国校长培训的第一课就是教育价值观，而"每个学生都是重要的"就是他们对教育价值观的概括。这不仅是对教育公平的最好诠释，而且凸显了全员化发展的教育理念。二要面对不同的学生，促进学生的个性化发展。学生由于身体心理条件不同、家庭生活环境不同、成长发展经历不同，所以必然有其不同的个性特征；同时，每个学生的智能结构不同，所以其优势潜能亦不同。因此，以学生为中心就是要使每一个学生在奠定良好的共性基础的同时，张扬其优良的个性。三是教学过程必然是学生自主发展的过程。学生是学习的主体，学生只有在每一个学习阶段、学习每一门课程和参加每种活动的过程中，都充分发挥主动性和创造性，他们的健康发展才能真正成为可能。在当今科技变革和产业革命飞速发展的时代，在当今人本主义精神被广泛认同的时代，教育改革的这种动向自然受到各国政府和教育界同仁的关注。

在此背景下，出现了不少以学生为中心的有关教学模式的探索。比如：探索合作式学习、探究式学习、实践式学习；增加选修课程，实行分层走班、翻转课堂、导师制；甚至为每个学生单独设置课表，根据学生的需求开设课程，等等。这些实验体现了"人才论"与"人生论"的统一，即将基础教育为国家培养人才奠定基础，与为个体的幸福人生奠定基础结合起来。

这样，教学过程即成为学生自我超越、树立自信、体验人生价值的过程，体现出科学精神和人文精神的紧密结合。

但是，每个学生的自主发展都与学校和教师的引导密不可分。特别是在基础教育阶段，我们不能简单地认为教学过程完全是不需要预设的生成过程。基础教育的基础性，体现在为每个学生的未来发展奠定坚实的基础，包括工具性基础、思维性基础和文化性基础。工具性基础主要是指知识和技能，我们要让学生掌握一定的文化科学知识，掌握必要的表达、计算、动手等"硬技能"，以及组织、策划、交往等"软技能"。这些是学生今后生活与工作的重要工具。思维性基础主要是指过程和方法，我们要让学生在学习过程中发展自己的思维能力，特别是思维的条理性、综合性和批判性等。这些是学生今后发展与创新的重要能力。

文化性基础主要是指以价值观为核心的道德、人格、修养。这些是学生今后为人处世的基本准则。这些基础都不会完全自发地形成，所以，学校和教师的引导至关重要。

于是，一个重要的课题摆在我们面前，那就是找到以学生为主体与以教师为主导的平衡点和契合点。在教学过程中，教师要创造适合不同学生发展的教育，而不是以单一的教育模式应对不同的学生；要既能循循善诱、因材施教，又能不愤不启、不悱不发；既把教学改革的重点放在高度重视学生的主体作用上，又充分发挥教师在教学过程中的主导作用。我想，这才是基础教育的科学性与艺术性高度结合的真正体现。